경성대학교
한국한자연구소 한자학 교양총서 03

한자와 출토문헌

이 저서는 2018년 대한민국 교육부와 한국연구재단의 지원을 받아 수행된 연구임
(NRF-2018S1A6A3A02043693)

경성대학교 한국한자연구소 한자학 교양총서 03

한자와
출토문헌

신세리 홍유빈

역락

발간사

　　경성대학교 한국한자연구소는 2018년 한국연구재단 인문한국
플러스(HK+) 지원사업(과제명: 한자와 동아시아 문명 연구-한자로드의
소통, 동인, 도항)에 선정된 이래, 한자문화권 한자어의 미묘한 차이
와 그 복잡성을 고려한 국가 간 비교 연구를 수행해 왔습니다. 이
총서는 그간의 연구 성과를 대중에게 전하고 널리 보급하는 목적
으로 기획되었습니다.

　　우리 연구소의 총서는 크게 연구총서와 교양총서로 나뉘어져
있습니다. 연구총서가 본 연구 아젠다 성과물을 집적한 학술 저술
이라면, 교양총서는 연구 성과의 대중적 확산을 위해 기획된 시리
즈물입니다. 그중에서도 이번에 발간하는 〈한자학 교양총서〉는 한
자학 전공 이야기를 비전공자들도 흥미롭게 접근할 수 있도록 기
획된 제1기 시민인문강좌(2022년 7월~8월, 5개 과정, 각 10강), 제2기 시
민인문강좌(2022년 12월~2023년 1월, 5개 과정, 각 10강)의 내용을 기반
으로 합니다. 당시 수강생들의 강의에 대한 높은 만족도와 함께 볼

만한 교재 제작에 대한 요청이 있었습니다. 실제로 한자학 하면 대학 전공자들이 전공 서적을 통해 접하는 것이 대부분이며, 대중이 쉽게 접할 수 있는 입문서는 그다지 많지 않습니다. 〈한자학 교양총서〉는 기본적으로 강의 스크립트 형식을 최대한 활용하여 전공 이야기를 쉬운 말로 풀어쓰는 데에 중점을 두었습니다. 흡사 강의를 듣는 듯 한자학에 대한 기본적인 지식을 배울 수 있는 입문서를 표방하는 이 책은, 한자학에 흥미를 가진 사람들이 한자학을 접할 수 있는 마중물과 같은 역할을 할 수 있을 것으로 기대합니다.

이번에 발간되는 시리즈는 전체 10개 과정 중 1기 강좌분에 해당하는 '한자학개요'(이해윤, 허철), '한자와 성운학'(배은한, 신아사), '한자와 출토문헌'(신세리, 홍유빈), '한자와 고대중국어'(조은정, 허철), '한자와 중국고대사'(이성란, 이선희) 5권이 먼저 발간됩니다. 한자학의 기원과 구성 원리, 음운 체계, 변천사 등 한자학 전반에 대한 이해를 높일 수 있는 내용으로 편집되었습니다.

앞으로도 우리 연구소는 연구 과제를 수행하면서 축적된 연구 성과를 학계뿐만 아니라 대중의 지적 호기심을 충족시킬 수 있는 방법을 다각적으로 모색해 나아갈 것입니다. 본 사업단 인문강좌에 강의자로 참여해주시고, 오랜 퇴고 기간을 거쳐 본 〈한자학 교양총서〉에 기꺼이 원고를 제공해 주신 여러 교수님들께 감사드리고, 이 책이 발간되기까지 조언을 아끼지 않으신 사업단 교수님들, 그리고 역락 박태훈 이사님께도 감사의 말씀을 드립니다.

2024년 1월
경성대학교 한국한자연구소
소장 하영삼

머리말

출토문헌은 고대 중국사회에서 사용하던 종이판본 이전의 문헌이자 땅속에서 찾아낸 또 다른 형식의 판본을 일컫는 하나의 상징어일 것입니다.

주로 고대인들의 무덤과 성곽 그리고 고대 중국 수도 주변에서 발견되는 출토문헌은 여러 종류로 나누어집니다. 그렇다면 우리는 이런 것들을 왜 공부하려는 걸까요? 우리는 고대 동아시아적 사유의 원류가 어디에서 기인한 것인지 궁금해 합니다. 이것이 바로 공동체적인 사유를 기반으로 하는 고대 동아시아의 배경에서 나를 아는 것이고, 나의 뿌리에 대해서 알아내는 시작점이기 때문입니다.

거창한 전제를 떠나 저는 모든 공부의 시작은 항상 궁금증과 호기심에서 시작된다고 생각합니다.

또 그 호기심이 어디에서 비롯한 것인지에 대한 질문은 항상 나 자신을 향해야 할 것입니다. 공부를 한다는 것은 나의 마음이 가는 곳을 모른체하지 않고 돌아보는 마음에서 시작됩니다. 그것이 어쩌면 세상을 모른체하지 않고 돌아보게 하는 마음으로 커갈 수 있을지도 모르겠습니다. 이러한 마음이 있을 때 비로소 누구든 그 학문의 주인이 될 수 있을 것입니다.

주인이 되는 것도 타인이 되는 것도 모두 인생을 살아가면서 마주해야 할 하나의 선택이며, 현재의 삶을 살아가는 우리의 모습일 것입니다. 두려워하지 않고 도전해 본다면 다른 세계가 열리지 않을까요.

차례

제1장

출토문헌과 문자

Ⅰ. 시작하며

출토문헌이란 어떤 고대문명의 기록물을 담은 담체에 기록된 글이라고 할 수 있습니다.

출토문헌이 하나의 문헌 역할을 담당할 수 있다는 사실은 일반문헌을 중심으로 연구하는 학자들에게는 그다지 긍정적으로 받아들여지지 못했습니다. 죽간본을 출토한 후 하나의 문헌으로 만드는 그 많은 과정들은 사실상 연구자들의 몫이었고 동시에 여러 분야의 연구자들이 함께 모여 서로 협업을 통해 출토문헌 연구라는 분야가 탄생했다고 볼 수 있습니다. 즉, 고고학, 문자학 그리고 이들을 아우르는 분야인 경학과 같은 여러 분야의 연구자들이 한마음으로 힘을 모아 출토문헌을 하나의 완전한 문헌이자 학문분야로 세우게 된 것입니다. 오랜 시간 동안 여러분야 연구자들의 노력이 있었기 때문에 지금의 출토문헌에 대한 연구 분위기가 조성된 것이라고 생각합니다. 그래서 출토문헌의 가장 근간이 되는 언어학 분야인 문자학과 문자가 무엇인가에 대해 먼저 생각해 볼 필요가 있습니다. 물론 여러분 중에 전문가가 아닌 분도 계시겠지만 중국문자와 동아시아 문자인 '한자'에 관심이 있으신 분들이 출토문헌에도 관심이 있으리라 생각됩니다. 그리고 출토문헌 연구의 시작은 공자벽에 담겨있던 문헌을 발견하는 순간이었다고 생각됩니다.

II. 문자와 문자학

그러면 문자학이란, 또 문자란 무엇일까요. 저는 '문자'란 어떤 화자의 말이 있다면 그 말이 날아가지 않게 어딘가에 담아두는 것이라고 생각합니다. 우리는 무엇인가를 생각할 수 있습니다. 감각기관을 거치고 신체기관 중의 하나인 뇌에서 생각을 하면 어떤 단어의 소리와 의미가 머리속에서 연속적이고 상호적으로 작용하고 저장하는 일련의 작용이 일어납니다. 이런 개인의 사고의 과정은 결국 인간과 인간 간의 소통을 위해 더욱 정교화되고 명시화되고 정확히 표현하게 됩니다. 언어와 문자는 인간과 인간의 의사소통을 목적으로 하기에 더욱 발전하게 되었다고 생각됩니다.

의사소통 과정에서 '문자'가 없다면 입말은 그저 허공으로 날아가 버릴 것입니다. 이로 인해 사람들은 서로 오해가 생기거나 약속이 이루어지지 않는 답답한 상황에 놓이게 될 것입니다. 또 인간은 기억력의 한계 때문에 망각이 이루어질 수밖에 없고 서로

한자와 출토문헌

전해주고 전해받는 '언어'라는 도구는 필연으로 변형될 수밖에 없습니다. 따라서 문자는 그런 생각들을 담아놓는 어떤 '담체', 즉 '그릇'으로써 인간의 의사소통을 위해 반드시 필요한 도구라고 생각할 수 있을 것입니다.

더불어 현대 중국에서 사용되는 문자는 또 다른 특이한 기능이 있다고 봅니다. 현대중국어의 문자 즉 '한자'는 일반적인 언어 속에서 작용하는 문자의 관점에서 봤을 때 특이성이 존재합니다. 중국어라는 언어 속에서 문자는 '서사성' 또는 '묘사성'이라고 여겨지는 그림과 같은 특징을 지니게 되었습니다. 중국어는 한자라는 쓰기체계를 사용하고 있으나 또 한어병음이라는 소리체계를 한자에 포함시켜 사용함으로써 하나의 언어체계가 두 체계를 포괄한다는 '체계 속의 체계'라는 이미지가 강합니다. 제 생각에도 중

국어에서 문자라는 것은 두 가지 단계의 시스템으로 인식되고 있고 그런 인식 속에 우리는 복잡한 이 시스템을 어떻게 받아들여야 하고, 외국인으로서 혹은 한자를 사용하고 있는 동아시아 한자문화권의 구성원으로서 어떻게 이원론적 시스템을 설명하고 이해할 지는 매우 중요한 문제라고 여겨집니다.

그렇다면 한국어를 모국어로 사용하는 한국 사회에서 한자어(漢字語)를 완전히 배제하고 일상을 지낼 수 있을까요? 사실상 그런 일상을 지낸다는 것은 매우 어렵습니다. 우리가 사용하는 한국어는 한자어가 많은 부분을 차지하기 때문에 한자어를 통해 공유된 사고 속에서 사유하고, 생활하고 있다고 볼 수 있습니다. 일례로 2020년 국립국어원의 조사에 따르면, 신문·방송에서 나오는 말 중 의미를 몰라서 곤란한 경험한 경우가 89%에 달한다고 합니다. 이 중 전문용어(53.3%), 어려운 한자어(46.3%), 신조어(43.1%)가 의미를 알 수 없는 경우였는데, 전문용어에 한자어가 포함되었을 가능성까지 고려하면 어려운 한자어는 50%이상을 차지한다고 해도 과언이 아닐 것입니다.[1]

---

1   국립국어원, https://www.korean.go.kr/front/board/boardStandardView.do?board_id=6&mn_id=184&b_seq=819

따라서 한자는 한국어 내에서 여전히 언어소통의 요소로서 작용하고 있기 때문에 한자에 대한 이해는 우리의 언어를 온전히 이해하는 중요한 단서가 될 것입니다.

이와는 다른 체계라고 할 수 있는 말소리체계는 종종 서사체계인 문자속에 담겨지기 마련입니다. 특히 고대 중국어에서는 한자가 이러한 역할을 담당했다고 볼 수 있으며, 또 이는 한자에 문자와 소리라는 언어의 이중시스템이 작동한다고 볼 수 있을 것입니다.

- 문자는 언어를 기록하는 기호체계이다.
- 문자는 문화의 산물로 문화체계에서 벗어날 수 없으며 문화의 일부분으로서 문화를 발전시킨다.

일반적으로 언어학자들은 문자에 대해서 '언어를 기록하는 기호체계'라고 정의하고 있습니다. 문자는 문화의 산물로서 문화체계에서 벗어날 수 없으며, 그 문화의 일부로서 어떤 문화를 생성, 발전, 전파시키는 중요한 매개체라고 할 수 있습니다. 문자가 문화의 산물이자 또 문화체계의 한 요소이므로 문자에 대해 세부적으로 공부하면서 해당 문자의 사용문화에 대해 깊이 이해할 수 있을 것입니다.

하구영(何九盈)[2] 선생님은 문자를 문화적으로 접근하고 분석하면서 언어와 문자는 각각 다른 생성 조건을 가진다고 규정했습니다. 또 언어는 가장 순수한 유기적인 기호체계로 이루어졌다고 정의합니다. '언어'라는 것 즉 '말'이라는 것은 신체기관을 통해서 발음이 되고 그 이후에야 비로소 소통이 될 수 있습니다. 예를 들면 '바디랭귀지'와 같이 발음기관이 아닌 언어도 존재합니다. 언어라는 것이 신체의 작용이나 호흡을 통해 이루어진 것들이라면, 문자는 어떤 유기적인 체계라기보다는 '무기적인 기호체계'이고 문자의 생성은 문화와 기술이 발전한 어떤 결과물이라고 볼 수 있을 것입니다. 언어학을 자연과학과 인문과학의 두 영역을 넘나드는 요소라고 정의한다면, 문자학은 순수하게 인문과학에 속하는 것이지만, 언어는 신체에서 생산되는 것을 말합니다. 또 문자는 정신으로 생산되는 것이라고 생각할 수 있을 것입니다.

연규동 선생님의 연구(2014)[3]에 따르면, 문자는 1차적 속성과 2

---

2   하구영(何九盈), 『中國古代語言學史』, 北京: 商務印書館, 2013.

3   연규동, 「문자의 종류와 개념에 대한 새로운 이해」, 『국어학(國語學)』 72, 2014, pp.155~181. 인용된 여러 연구자들의 연구결과로 한자의 문자로서의 위치를 확인할 수 있습니다.

차적 속성으로 나누어지는데 1차적 속성은 "인류가 의사소통을 위해 손을 움직여 만들어 내는 모든 시각적 표시"를 문자로 본 것을 말합니다. 이어 2차적 속성은 "어떤 기호가 문자가 되기 위해서는 특정 기호를 여러 사람이 동일한 음성으로 바꾸고, 공동체 내에서 동일한 의미로 이해할 수 있어야 하는" 두 가지 조건이 만족되는 문자의 속성을 말합니다.

즉 문자라는 것은 이처럼 한 개인과 다른 개인이 상호작용하면서 소통이 되는지가 가장 중요합니다. 문자라는 시각적 기표기호와 소리라는 청각적 기표기호가 함께 작용하면서 공동체적 의미를 담을 수 있는 것이라면 우리는 이것을 문자라고 간주하는 것입니다.

그러나 한자는 여전히 상형성을 지니고 있어서 그림문자로서의 면모를 지닙니다. 사물의 형상을 본떠 글자로서 역할을 부여한 것이 바로 한자의 한 특징이라고 할 수 있는데, 한자는 도상성이 강한 글자들을 기초로 여러 품사와 문법의미를 파생시키고 언어의미를 확장시켜왔기 때문에 그림문자로서의 특징, 즉 상형성은 예로부터 한자를 언급할 때 가장 중요한 특징으로 주목되어 왔습니다. 우리가 상형성을 넘어서 언어와 함께 문자를 분석하려면 보편적으로 전 세계의 문자를 보더라도 문자의 형성단계에서 가장

기초가 되는 것이 상형성이라는 점을 인지하면서 한자의 변화 과정에 대해 살펴 보아야 할 것입니다.[4]

III. 출토문헌이란 무엇인가?

'출토문헌은 무엇인가?'라는 질문에는 의외로 간단하게 대답할 수 있습니다. 출토문헌은 '문자를 기록한 출토된 서사 담체'를 말합니다.

출토된 문헌 중에는 갑골문(甲骨文), 금문(金文), 전국(戰國) 맹서(盟書), 새인(璽印) 간독(簡牘), 백서(帛書), 돈황(敦煌)문서 등과 같은 문헌들이 있습니다. 이와 같이 여러 서사재료에 새겨진 문헌과 특정한 출토지에서 출토된 문헌 전반을 우리는 출토문헌이라고 칭하는데, 경서류(經書類)와 문서류(文書類), 서법류(筮法類)가 출토

---

4   연규동 선생님은 문자의 종류를 다음과 같이 분류하자고 제언했는데, 한자는 표의문자이자 음절문자이자 다양한 제자원리를 가지는 음소음절문자라고 볼 수 있습니다. 연규동 선생님의 연구에 따르면, 문자는 ㄱ. 직접 표상하는 언어 요소에 따른 분류(표의문자, 표음문자) ㄴ. 대표하는 언어 단위에 따른 분류(단어문자, 음절문자, 음소문자 등) ㄷ. 제자 원리에 따른 분류(상형문자, 형성문자, 전주문자 등) ㄹ. 발음되는 언어 단위에 따른 분류(단어-음절문자, 자음-음절문자 등) ㅁ. 계통적 분류 (수메르 문자/이집트 문자 계통, 한자 계통, 한글 등)로 분류됐습니다.

한자와 출토문헌

문헌에서 가장 중요한 내용으로 여겨지고 있습니다. 최근에는 의서류(醫書類)도 다량으로 출토되고 있어 이를 의간(醫簡)이라고 부른다고 합니다. 문서류는 어떤 시기 해당 출토지에서 작성된 행정 문서를 말합니다. 예를 들면 포산죽간(苞山竹簡) 같은 경우는 행정 문서가 대부분을 차지하는 죽간입니다. 경서(經書)의 경우는 최근 정리된 상서류 문헌과 유사한 내용으로 여겨지는 『청화간(淸華簡)』의 일부가 이에 해당한다고 볼 수 있습니다.

출토문헌을 분류하다 보면, 우리는 출토문헌을 내용과 내용을 담은 담체 각각으로 다루어야 할 지, 이들을 묶어서 하나의 문헌으로 다루어야 할 지에 대해 고민하게 됩니다. 넓은 의미로 본다면 앞에서 언급한 여러 한자의 서사 담체인 갑골문(甲骨文), 금문(金文), 전국(戰國) 맹서(盟書), 새인(璽印)문자, 간독(簡牘)문자, 백서(帛書) 등이 모두 출토문헌의 범주에 포함됩니다.

1. 담체들

왕국유는 「간독검서고교주」[5]에서 문자를 그림을 새기는 것에

---

5   왕국유(王國維)원저, 호평생(胡平生)·마월화(馬月華) 교주. 김경호 역주 「간독검

서 시작했다고 보았으며, 금석(金石), 갑골(甲骨), 죽목(竹木)을 담체로 언급하였습니다. 또 갑골문(甲骨文)은 거북이 배껍질을 떼어서 거기에 점을 치고 점치는 과정과 결과를 기록한 일종의 정치과정에서 일어난 상(商)나라 시기의 점사(占辭)기록을 말합니다.

금문(金文)이라는 것은 정종문(鼎鐘文)이라고도 부르며, 정(鼎)이나 기타 청동기로 만들어진 기물에 어떤 역사적인 기록들을 남긴 것을 금문이라고 합니다. 주로 주(周)나라가 주변국에 직위를 내리거나 분봉(分封)할 때 또는 전쟁을 나가거나 정치적 사건이 있을 때 그 역사를 기록한 내용들을 담은 것이 바로 금문입니다. 금문은 또 표준기(標準器)라고도 부릅니다. 금문은 주나라 역사와 문화, 문자 등이 잘 담겨 있기 때문에 고문자와 역사 연구에 있어서 '기준이 되는 기물'로 여겨지고 있습니다.

이어서 새인(璽印)문자입니다. 새인문자는 도장문자를 말합니다. 상고시기에는 관새(官璽)와 사새(私璽)가 있는데 주로 국가가 만든 관새가 많았고 기물로서 여전히 존재하기 때문에 문자연구, 관직연구 등 역사연구에서 공헌하고 있습니다.

서고교오주(簡牘檢署考校注)」『간독학이란 무엇인가』, 서울: 성균관대학교 출판부, 2017, p.87. 이 글에서 출현하는 개념을 참고해서 서술했습니다.

간독(簡牘)은 죽간(竹簡)과 목독(木牘)을 포함해서 부르는 명칭인데, 재료를 깎고 다듬어서 붓을 사용하여 사람이 직접 글자를 필사했다는 점에서 공통점이 있습니다. 또 부식이 가능하다는 특징이 있습니다. 지금 전해지는 것들은 어떤 특수한 상황으로 인해 부식하지 않은 것들입니다.

목독(木牘)은 나무에 글을 써서 기록한 것들이고 죽간(竹簡)은 대나무에 글을 써서 기록한 것을 말합니다. 한국에는 나무가 많은 지형적 원인으로 목독(木牘)이 유독 많이 발견되고 있습니다.

이어서 백서(帛書)는 이름에서 알 수 있듯이 흰 비단에 붓으로 필사하여 기록한 매체입니다. 백서 같은 경우는 마왕퇴(馬王堆)유적지에서 발견된 노자(老子) 백서가 잘 알려져 있습니다. 노자 백서에 대한 내용은 오래전부터 연구되고 있으며 여전히 현재 진행 중인 문장이라고 할 수 있습니다.

그렇다면 춘추전국시대부터 붓과 먹이 존재했을까요? 네, 있었습니다. 제가 중국의 형문시박물관(荊門市博物館)을 방문했을 때, 전시품들 중에서 다소 조악하고 작은 붓을 발견할 수 있었습니다.

돈황(敦煌) 문서는 위진 남북조에서 당나라 시기까지의 문헌인데 여기까지는 전국문자(戰國文字) 혹은 우리가 생각하는 예변(隸變)시기라고 일컬어지는 문자의 변화가 강렬했던 시기의 문헌이

아니기 때문에, 글자체의 변화과정이나 조자법의 변화과정을 이
해하는 자료라기보다는 이체자(異體字)를 공부하는데 도움이 되
는 문헌에 해당합니다.

2. 출토문헌과 고문자

지금까지 출토문헌의 내용과 그 내용의 재료인 서사담체와의
관계를 살펴보았다면, 이어서 출토문헌의 담체에 담긴 문자 자체
즉, 고문자(古文字)를 살펴보겠습니다.

나진옥(羅振玉)과 왕국유(王國維)는 중국문자학의 근대연구의
선하로 일컬어집니다. 고증학이 학문적으로 세워지던 청나라에도
고염무(顧炎武), 대진(戴震), 오대징(吳大澂), 단옥재(段玉裁)와 같은
문자학 연구자들이 있었지만, 중화민국 시기 청나라의 정통을 이
어받은 이는 왕국유와 나진옥이었습니다.[6]

---

6   참고: 양계초(梁啓超) 지음, 전인영 옮김, 『중국근대의 지식인』, 서울: 혜안,
     2005. 양계초는 이 글에서 명나라에서 근대에 이르는 중국의 학풍과 학자들
     소개하고 그 학문적 의의를 논하고 있습니다. 간략한 내용을 심재훈 선생님의
     블로그에서 확인할 수 있으며 www.ctext.org에서는 그 원문도 쉽게 찾아볼
     수 있습니다.

이학근 선생님의 『고문자학 첫걸음(古文字學初階)』[7]에서 고문자를 네 가지 영역으로 나눕니다. 첫째, 상나라 시대 문자에 해당하는 갑골문이 있습니다. 둘째, 청동기에 새겨진 금문입니다. 셋째, 도문, 새인, 화폐에 새겨진 전국문자연구입니다. 넷째, 간독과 백서입니다.

　'고문자'는 바로 '옛 문자'를 말합니다. 그 옛날은 바로 '예변(隷變)이전 시기'를 지칭합니다. 여기에서 예변이란 현대한자의 모태가 되는 과정을 말하는데 예변의 완성 이후 한자는 크게 변하지 않게 됩니다.[8] '고문자는 출토문헌과 어떤 관계인가?'라는 질문을 기물의 예로 설명하면, 갑골에 새겨져 있는 그 글자 자체가 이미 하나의 글자였고 문자가 새겨진 재료가 너무도 독특해서 그 갑골이라는 명칭을 하나의 글자로 받아들이는 경우가 많았습니다. 즉, 거북의 껍데기인 갑골을 '갑골에 새겨진 글자'로 간주한 것입니다. 이러한 이유 때문에 우리는 어떠한 기물과 그 글자를 각각으로 나누어 생각하기가 어려운데 이것이 바로 고문자의 속성입니다.

7　　이학근(李學勤) 지음, 하영삼 옮김, 『고문자학 첫걸음(古文字學初階)』, 서울: 동문선, 1991, pp.66~67.

8　　참고: 조평안(趙平安), 『예변연구(隷變研究)』, 상해: 상해고적출판사(上海古籍出版社), 2020.

갑골 같은 경우는 비교적 부드러운 배 쪽을 선택했다고는 하지만 거북의 배껍질 역시 딱딱하기 때문에 글자를 새길 때 힘이 꽤 들었을 겁니다. 그래서 글자들이 예쁘지도 않고, 필세 역시 날카롭고 부드럽지 않습니다. 이와는 반대로 금문 같은 경우는 새기는 형태가 아닌 주조(鑄造)의 형태를 취했기 때문에 거푸집에서 글자가 최대한 아름답게 구현되도록 주조되었습니다. 주조의 방식은 한 번 거푸집을 사용하고 버리는 방식이었습니다. 거푸집에서 기물을 만든 다음 겉에 있는 거푸집의 틀들은 깨서 버리는 방식을 주로 택했는데, 세상에서 유일한 기물을 만들기 위해 인위적으로 선택된 주조방법이었기 때문에 이것이 종정문(鐘鼎文)의 가장 큰 의미이자 특징이라고 할 수 있습니다. 따라서 글자가 아름답고 정확한 것이 금문의 특징입니다. 이러한 까닭에 금문과 갑골문은 자형적으로 많은 차이를 보입니다. 그러므로 기물 자체과 글자의 관계는 너무나 유기적이며, 이들을 분리해서 설명을 한다는 것 자체가 불가능할 정도입니다.

본 장에서는 문자와 출토문헌, 고문자의 특징을 간단히 설명했습니다. 고문자 분석과 문헌분석은 후반부에서 구체적으로 시도해 보도록 하겠습니다.

제2장

고대문명의 기록물

Ⅰ. 시작하며

이번 장에서는 먼저 서사 담체라는 것이 무엇인지 생각해보고 이어서 서사 담체는 구체적으로 어떻게 사용되고 있는지 그 서사 방법을 설명하겠습니다.

한자는 아주 오래전에 생겨났고 또 일상 속에서 사용되어 왔기 때문에, 서사 방법 또한 살펴볼 필요가 있습니다. 1장에서 한자가 문자-언어에 있어서 표음-표의 체계로 설명이 어려운 독특한 독립적인 체계를 구현했음을 알 수 있었습니다. 한자는 '서사체계'와 '소리체계'라는 두 개의 체계로 독립적이고도 유기적으로 발전을 해왔습니다. 오랜 시간동안 한자는 중국어라는 살아있는 언어 속에서 변화해 왔기 때문에 점차 소리 요소를 한자의 한 요소에 포함시키게 되었습니다. 한자를 하나의 음절이자 하나의 단어로 간주했던 한나라 시기의 고대한자와 한자가 하나의 음절을 나타내면서 2개 이상의 한자를 하나의 단어로 간주하게 된 동한에서 위진남북조 이후의 단어 구조는 중국어와 한자의 간극을 크게 벌려 놓았습니다.

한자는 '중국어 표기체계'라는 언어학적 시선과 전통적 한자로 바라보는 시선에서 각각 이해되기 때문에 한나라 이전에 전승된 한국 한자는 전통 한자를 다루는 시각에서 이해되어야 합니다. 즉 한자어는 비록 한국어로 표기되어 있지만 그 담긴 내용은 의미중심으로 전승되었다고 보이며, 이는 전통 한자의 소리표기로 이해되어야 할 것입니다.

더불어 앞에서 우리는 땅을 통해 얻어낸 한자의 기록물을 출토문헌이라고 명명했습니다. 이처럼 출토문헌은 종종 전래문헌과 대비되는 명칭으로 사용됩니다. 즉, 석판과 목판, 활판 등의 판각 형식이나 종이책 형식으로 전해지는 경사자집(經史子集)의 내용을 담은 문장들을 우리는 보통 '전래문헌(傳來文獻)'이라고 합니다. 전래문헌 외에도 이를 전세문헌(傳世文獻) 혹은 전통문헌(傳統文獻)이라고도 칭합니다. 이와 대비되는 개념으로 선대인들에 의해 정리된 문헌이 아니라 지하에서 얻어낸 새로운 문헌들을 '출토문헌(出土文獻)'이라고 하는 것입니다. 또 반드시 지하에서 얻어낸 문헌만을 특정짓는다기보다는 종이책으로 정리가 이루어지지 않은 기록이 실물로 존재하는 문장들을 말하기도 합니다. 가장 주된 내용은 '경전(經典)'과 '전적(典籍)'을 말합니다. 전통문헌이나 경전, 경서 이외에도 역사서를 포함하는 것으로도 여겨지며, '서류(書類)'라고 불리는 일반 행정 문서 또한 포함합니다.

문자의 발전에서 초기 문자형성의 단서는 신석기 문명에 있습니다. 중국의 신석기 문명은 앙소문화(仰韶文化: 기원전5천년~3천년)를 계승한 용산문화(龍山文化: 기원전3천년~천2백년)가 있습니다. 앙소문화 중에서 반파(半坡)도기는 문자의 모티브가 되었다는 설이 있습니다. 그 설을 반드시 따라야 되느냐에 대해서는 고민을 해봐야 하겠습니다. 우리가 앞선 장에서 분명하게 알게 된 사실은 갑골문 자체가 문자를 담은 담체라는 점이었습니다.

이어서 여러 문자 창제설[1]이 있는데, 이 중 현대에 가장 합리적이라고 받아들여지는 학설은 창힐이 한자를 만들었다는 '창힐조자설(倉頡造字說)'입니다. 이 같은 주장은 창힐을 문자의 주요 정리자로 이해하고 있다고 하겠습니다.

따라서 결과적으로 기존에 팔괘, 결승, 도화 등에서 도상적이고 상형적이라고 여겨지는 1차적 속성을 지니는 한자들이 만들어지기 시작하여 한자가 창힐이라는 인물에 의해 수합되고 정리되어 공동체의 공통된 의미와 인식을 지닌 문자, 즉 2차적 속성을 지닌 한자로 발전되었다고 생각됩니다.

---

1   한자의 창제설은 팔괘설, 결승설, 도화조자설, 창힐기원설 등이 일반적으로 제언되어 왔습니다.

II. 한자의 다양한 서사매체

본 장에서는 고대 중국어에서 한자의 서사 매체에 관한 내용을 살펴보도록 하겠습니다. 먼저 상고시대 초기 한자가 어떤 과정을 거쳐 사용되었는지 방법적인 부분에 대해 살펴보겠습니다. 이어서 어떤 상황에서 사용되었는지에 대해서도 살펴보겠습니다.

출토문헌에는 다양한 종류가 있지만 특히 갑골에 새겨진 글자들과 금문이라는 청동기에 새겨진 문자가 있습니다. 갑골문은 전술한 바와 같이 거북의 배딱지에 또는 소의 어깨뼈에 점사의 내용을 기록한 것입니다. 청동기는 그 자체가 서주 시대에 가장 많이 활용됐던 기록 매체로, 역사 사건이나 어떤 사건을 기록하기 위한 하나의 기물이었습니다. 이 같은 기물 위에 많은 글을 기록하기에는 한계가 있어서 중요한 사건을 중심으로 핵심 내용만 기록하였습니다. 본 장에서는 갑골문과 금문, 이 두 가지 기물을 중심으로 설명해 볼까합니다.

전국시대의 주된 서사 매체는 대나무에 글자를 써 놓은 죽간(竹簡)이 있는데, 주로 두루마리 형식으로 보관되었습니다. 보통 죽간이라고 하면 대나무니까 딱딱할 것으로 짐작하지만 출토된 죽간은 흐물흐물한 상태입니다. 따라서 손상을 방지하기 위해 보관은 대부분 약품에 한 가닥씩 넣어서 보관합니다.

그리고 또 다른 서사 매체로 비단에 글씨를 쓴 백서(帛書)가 있습니다. 이 외에도 화폐들이 있었습니다. 화폐에 새긴 글은 이름 또는 내용을 간단하게 쓴 것이었습니다. 이런 것들이 한자의 전승 과정에서 도입되어서 쓰인 유물이며, 그 중에서 우리가 눈여겨 볼 것은 '비석'과 '새인문자'와 같은 기물(器物)입니다. 비석과 도장에 새긴 문자는 주로 관용(官用)으로 쓰였고 당시의 공식적인 한자와 관직명 등을 알 수 있기 때문에 문자 공부의 중요한 자료라고 여겨집니다.

III. 갑골문[2]

먼저 갑골문을 살펴보겠습니다. 갑골은 거북이 배딱지 또는 우견골이라고 해서 소의 어깨뼈에 글자를 새긴 것을 말합니다. 때로 고대 중국인들은 사슴의 뿔에 글자를 새기기도 했습니다. 이처럼

---

2   아츠지데츠지(阿辻哲次) 지음, 김언종, 박재양 옮김, 『한자의 역사』, 서울: 학민 사, 1999, pp.27~33.

고대 중국인들은 일반적으로 글자를 동물 뼈들을 이용하거나 주로 갑골을 사용하여 점사를 새겼습니다.

1. 갑골문의 명칭

갑골문에는 여러 명칭들이 있습니다.

첫 번째는 글을 새긴 재료 자체가 거북이이므로 '거북이(龜)'로 갑골문을 일컬었습니다. 즉 거북이로 복사(卜辭)과정을 기록하다 보니 이와 관련된 명칭을 취한 것입니다. 거북이 배딱지나 등딱지를 나타내는 표현을 사용하였습니다.

두 번째는 '새기다'의 뜻입니다. 새기는 것 자체를 이야기하기 때문에 '새기다'는 의미가 담긴 계문(契文), 은계(殷契) 구갑문(龜甲文)이라고 썼는데 '계(契)' 또는 '각(刻)' 모두 '새기다'는 뜻에 해당합니다.

세 번째, '점을 치다'의 의미로 '복사(卜辭)', '복(卜)'자 의미가 포함되어 있는 명칭도 있습니다.

네 번째, 문자 출토 지역을 따서 쓴 은허서계(殷墟書契)라고도 부릅니다. 즉 은허(殷墟)라는 지역의 명칭을 따서 명명한 것입니다.

마지막은 광의의 명칭에 해당합니다. 가장 합당하고 가장 사람

> **갑골문**
>
> 1. 문자를 기록한 재료의 명칭 (구(龜))
> 2. '새겼다'는 의미 (계(契))
> 3. '점을 친다'의 의미 (복(卜))
> 4. 문자출토지역의 명칭 (은허(殷墟))
> 5. 넓은 의미에서의 명칭 (갑골문자, 갑골문)

들이 좋다고 생각하는 것은 '갑골문(甲骨文)'이라는 명칭입니다. 그래서 갑골문자(甲骨文字), 갑골문(甲骨文)은 현재 가장 좋은 명칭이라고 여겨지고 있습니다.

육무덕(陸懋德)의 『갑골문의 발견 및 그 가치(甲骨文之發現及其價値)』,[3] 동작빈(董作賓)의 『갑골년표(甲骨年表)』[4]에 따르면 청 광서25년 왕의영이 1400편~1500편의 갑골문을 사들였습니다. 곽말약(郭沫若)과 호후선(胡厚宣)은 『갑골문합집(甲骨文合集)』[5]의 序에서 "내가 듣기에 갑골문이 제일 좋다"고 언급했습니다. 예전에는 갑골문을 칭하는 다양한 명칭이 있었다는 사실을 확인해 보았습니다.

---

3   육무덕(陸懋德), 『갑골문의 발견 및 그 가치(甲骨文之發現及其價値)』, 北京: 『晨報副刊』, 1921.

4   동작빈(董作賓), 『갑골년표(甲骨年表)』, 北京: 商務印書館, 1937, pp.241~260.

5   곽말약(郭沫若) 주편, 호후선(胡厚宣) 총편집, 『갑골문합집(甲骨文合集)』, 中國社會科學院歷史研究所編, 北京: 中華書局, 1982.

2. 갑골문의 발견

이제 갑골문의 발견에 대해 알아보겠습니다. 갑골문의 발견에는 두 가지 학설이 있습니다. 첫 번째 학설은 1899년 왕의영이라는 학자가 있었는데 이분은 문자에 관한 식견이 높으신 분이었습니다. 그런데 한 때 말라리아에 걸려서 몹시 앓았다고 합니다. 학질이라고 하죠. 그래서 학질에 용하다는 용골이라는 약재를 구매하게 됩니다. 그런 계기로 용골에 새겨진 글자를 발견하게 된 것입니다. 이 때 그의 주변에 있던 유악(劉鶚)이라는 친구가 갑골에 새겨진 글자를 발견하고 용골의 중요성을 깨달아 만 점 넘게 샀다는 학설입니다.

그리고 두 번째 학설은 더 믿음이 가고 이치에 맞다고 여겨지는 학설입니다. 동작빈(董作賓)의 『갑골년표(甲骨年表)』[6] 광서년간의 기록에도 언급되어 있습니다. 일반적으로 학계에서도 두 번째 학설을 더 따르는 것 같습니다. 산동성의 유현(維懸)이라는 지역에 범유경(范維卿)이라는 골동품상이 있었는데 갑골을 구매합니다. 농부들이 땅을 파는 과정에서 갑골을 발견한 거지요. 갑골상 범유

---

6   동작빈(董作賓), 『갑골년표(甲骨年表)』, 北京: 商務印書館, 1937, pp.241~260.

경은 갑골 몇 점을 가져와 왕의
영에게 보여줍니다.

　왕의영은 갑골의 가치를 알아
보았는데 후한 돈을 치르고 이
를 대량으로 구매하게 되어 연
구하고 전하게 되었다는 설입니
다. 이런 두 가지 설 중에 일반적
으로 두 번째 설이 맞다고 여겨
지고 있습니다. 그런데 안타까운

유악(劉鶚)

것은 왕의영이라는 분은 연합군과 중국의 대결에서 중국이 패하
게 되자 그것에 책임감을 느끼고 스스로 목숨을 끊었습니다. 이후
왕의영의 유지를 이어받은 친구 유악(劉鶚)이 1903년에 최초로 갑
골에 대한 저서 『철운장귀(鐵雲藏龜)』[7]를 출간하였습니다. 이 책은
갑골을 최초로 수집한 서적으로, 갑골이라는 것이 문자학적으로
가치가 있다는 것을 세상에 보여준 첫 번째 저작이라고 할 수 있
습니다. 재밌는 것은 유악이라는 분은 소설가라는 사실인데 위 사
진의 인물입니다.

7　　유악(劉鶚), 『철운장귀(鐵雲藏龜)』, 1903.

갑골은 오래전 글자이지만 1900년도에 발견된 비교적 최근에 출현한 문자를 새긴 매체입니다. 다만 갑골의 종류와 출처는 일찍이 여러 문헌에 기록되어 있었습니다.

『尚書·禹貢』: "九江納錫大龜." 구강에서 큰 거북을 바쳤다
『今本竹書紀年·周厲王』: "楚人來獻龜貝." 초나라 사람들이 거북이와 조개를 바치러 왔다

이 기록에 따르면 초나라가 남쪽이고, 장강 이남 일대를 가리킵니다. 구강(九江)이라는 지역을 살펴보면 현재의 구강시와 고대의 구강이라는 지명의 위치에는 차이가 있습니다. 세 가지 설이 있는데, 시대와 지역으로 추정하면 『한서·지리지』에서 심양(尋陽)이라 언급했던 그 일대의 지역일 가능성이 높습니다.

『尚書·禹貢』: "九江在南,皆東合為大江." 구강이 남에 있으니 모두 동쪽에서 모여 큰 강을 이룬다.

응소(應劭)의 『한서주(漢書注)』 또는 곽박(郭璞)의 『산해경주(山海經注)』 『상서위공전(尚書僞孔傳)』에서 '한나라의 심양의 지역 안

(漢尋陽境內)'이라고 했는데, 이는 오늘날의 호북(湖北) 광제(廣濟)
와 황매(黃梅) 일대를 말합니다. 은허가 바로 갑골문이 발견된 지
역인데 그 남쪽이 바로 장강입니다. 구강은 호북성 무한이 근처이
고 장강일대에 해당합니다.

춘추전국시대 주나라가 천하를 지배하고 있을 때 초나라가 남
쪽에 있고 우리가 아는 통일 진(秦)이 그 왼편에 있습니다. 천자의
나라 주나라도 서쪽에 위치했습니다. 주나라가 은나라를 칠 때 낙
양 일대에서 출발했는데, 은나라를 기준으로 보면 낙양 일대 또한
서역입니다. 초나라는 물자가 풍부한 지역이었지만 진나라와의
전쟁에서 패하게 됩니다. 최근 정리된 출토문헌 중에서도 초나라
계통의 것들이 많습니다. 특히 전국 시대 문자라고 생각되는 출토
문헌 즉, 죽간문헌에서는 초나라 문자가 다수 출토되고 있습니다.
참고로 중국 역사에서 시기적으로 춘추시기가 먼저이고 이어지
는 시기가 전국시기입니다.

한편으로 앞서 한나라 이전까지의 서체가 중요하다고 말씀드
렸습니다. 예변 전 시기의 글자와 한나라 초기까지의 글자가 중요
하기 때문에 우리도 그 시기 문자를 주로 분석하겠습니다.

'한(韓), 위(魏), 조(趙)' 이 세 곳이 합쳐진 삼진(三晉)을 우리는
진(晉)이라고 부릅니다. 그래서 문자도 '한, 위, 조' 이 세 지역의 문

자를 한 계통의 문자로 간주합니다. '한, 위, 조'가 후에 진나라가 되기 때문입니다. 따라서 이를 '삼진(三晉)'이라고 부르고 이 계통의 문자를 '삼진계(三晉系)문자' 또는 '진계(晉系)문자'라고 표현을 하기도 합니다.[8]

우리가 주의할 부분은 전국 문자를 때로는 '고문(古文)'이라고 불렸다는 것입니다. 『설문해자(說文解字)』에서 주로 육국고문(六國古文)을 고문이라고 설명합니다. 이 때문에 『설문해자』의 저술 시기 이전, 그러니까 육국고문과 반대되는 개념은 진계(秦系)문자로 이어졌고, 한나라로 이어집니다. 따라서 진계문자에 대비되는 상대되는 개념이 육국고문이라고 할 수 있습니다.

3. 갑골문의 문례

그러면, 이제 갑골문에서 문례를 살펴보겠습니다.[9]

갑골문은 점을 칠 때, 즉 복사를 행하는데 순서가 있기 때문에 이에 따른 순서로 문장이 작성이 되었음을 알 수 있습니다.

---

8   하림의(何琳儀), 『전국문자통론(戰國文字通論)』, 上海: 上海古籍出版社, 2017.
9   진위심(陳偉湛)·당옥명(唐鈺明) 편저, 『갑골문도론(甲骨文綱要)』, 廣州: 中山大學出版社, 1988.

먼저 첫 번째는 전사(前辭)입니다. 그 다음 단계는 명사(命辭)입니다. 세 번째 단계는 점사(占辭), 그리고 마지막 험사(驗辭)를 기록합니다. 즉, 전사(前辭), 명사(命辭), 점사(占辭), 험사(驗辭) 이 네 가지 단계로 문장의 내용이 이루어져 있습니다. 전사는 일반적으로는 서사(叙辭) 또는 술사(述辭)라고 칭하는데 간지(干支) 그러니까 날짜에 관한 내용과 누가 썼는지 갑골에 점치는 사람인 정인(貞人)이 누구인지 기록하는 것이 바로 전사입니다. 명사는 실제로 점치는 내용이고 점사는 길흉을 보고 판단하는 것을 말합니다. 이를 정사(貞事)라고도 합니다. 이어서 험사는 점복 결과가 점사대로 실제로 이루어졌는지 결과를 확인하는 것입니다. 점을 누가 쳤든지 정인이 친 사람이 있긴 합니다. 하지만 점 친 후에 결과를 확인해서 점사의 결과가 좋은지 좋지 않은지 또는 실제와 맞는지 맞지 않았는지 확인하고 책임을 질 수도 있다고 생각해 보면, 정인이라는 위치는 결코 쉽지 않았을 것 같습니다.

IV. 금문

그럼 금문(金文)에 대해서 알아보겠습니다. 금문이라는 것은 상

출토된 구정팔궤(九鼎八簋)

주(商周)시기의 청동기 위에 주물로 새겨진 문자를 말하고 재료의 성질에 따라 '금문(金文)'이라고 칭합니다. 금문은 상나라에서 주조되기 시작하여 청동기시대라고 일컬어지는 주나라에서 꽃을 피웁니다. 이후 진나라, 한나라 등 시기에도 예기 즉, 제사용 기물로 주로 사용되었습니다. 제사의 기물에는 예기(禮器), 악기(樂器) 두 가지가 가장 보편적인데, 명칭을 보면 종정문(鐘鼎文) 혹은 종정관지(鐘鼎款識) 문자를 말하기도 합니다.

금문은 '이기문자(彝器文字)'라고도 하고 기물 자체가 제기(祭器)의 종류를 말합니다. 이기문자는 청동기에 새겨 있기 때문에 명문(銘文)이라고 합니다. 여기에서 길금(吉金)이라는 것은 길례(吉

한자와 출토문헌

禮)라는 제사에 따라서 또는 청동기를 주조하여 새겨놓았다고 보아 길금 문자라고 사용되는 명칭입니다. 갑골문의 경우에서처럼, 출토문헌 중 가장 중요하고 가장 보편적으로 '금문(金文)'이라는 명칭을 사용합니다.

필자는 금문 중에서도 식기(食器)를 예로 제시해 볼까합니다. 기물의 종류는 식기(食器), 주기(酒器), 수기(水器), 악기(樂器), 병기(兵器)가 있는데 가장 중요한 기물은 식기이기 때문에 그 종류를 살펴볼 필요가 있습니다. 식기 중에서도 정(鼎)이 중요한 것이라고 할 수 있는데, 제사의 희생물인 고기를 삶는 기물이었기 때문입니다. 또 다른 이유로 정(鼎) 또는 궤(簋)가 권력의 상징을 나타냈기 때문에 중요한 기물이라고 말할 수 있을 것입니다. 이어서 세 가지 식기 정(鼎), 력(鬲), 언(甗)은 음식 만들 때 쓰는 끓이는 도구입니다. 궤(簋), 보(簠), 대(敦), 두(豆), 수(盨)와 같은 기물은 음식이나 곡식 등을 담는 기물이었는데 용도에 따라 조금씩 달랐습니다. 이외에도 여러 가지 기물에 관한 용어들이 등장합니다. 발의 숫자에 따라 원정(員鼎), 방정(方鼎)으로 나누었습니다.

천자와 귀족의 관계에서 열정제(列鼎制)에 따라 기물을 소유했습니다. 천자는 정(鼎)이 아홉 개입니다. 제후, 경대부는 직위에 따라 다른 정의 숫자를 가지고 있어서 '정(鼎)'의 개수로 알 수 있었습니다. '궤(簋)'도 마찬가지입니다. 그릇 부분 아래 받침이 있는 것 같이 생긴 것이 바로 '궤(簋)'로 여덟 개가 천자에게 주어지는 한 세트입니다. 구정(九鼎)과 팔궤(八簋)라고 한다면 천자의 지위를 말합니다. 예를 들어 "문정(問鼎)한다"는 "그 사람의 권력을 누린다"를 빗댄 표현입니다. 초나라가 훗날 동주(東周)를 공격할 때 "초왕이 정의 크기와 무게를 묻자 '덕은 있으나 정이 없다'고 답하였다."[10]는 구절이 있습니다. 즉 "문정경중(問鼎輕重)"은 "천하를 빼앗으려는 속셈이나 남의 실력을 의심하는 행위에 비유하는 말"[11]로 사용됩니다.

배가 좀 튀어나온 것이 '력(鬲)'입니다. 일반적으로 속이 비어있습니다. 지난 코로나 시기인 2021년 용산 국립중앙박물관에서 상해박물관전[12]이 있었습니다. 저도 두 번 정도 참관을 했습니다. 비록 대형 기물들은 아니었지만 중요하고 전형적인 기물들로 선정

---

10 『史記·楚世家』,『春秋左傳·宣公三年』, "楚王問鼎小大輕重, 對曰:「在德不在鼎」."

11 問鼎輕重是問鼎的大小輕重,指妄圖奪取天下. (漢典: https://www.zdic.net/hant/%E5%95%8F%E9%BC%8E%E8%BC%95%E9%87%8D)

12 2021년 9월 16일 부터 11월 14일 사이 "중국 고대 청동기-신에서 인간으로"라는 제목으로 온라인 강연과 전시가 이루어졌습니다. (https://www.museum.go.kr/site/main/exhiSpecialTheme/view/specialGallery?exhiSpThemId=614651&listType=list&current=present)

정(鼎)	력(鬲)	언(甗)

되어서 청동기 공부에 도움이 되는 전시였습니다. 가장 중요한 기물로 '력(鬲)'이 전시되어서 생각이 났습니다. '언(甗)'은 상하를 나눌 수 있는데 아래 부분은 '력'이나 '정'과 같이 생긴 기물이고 이 기물의 윗부분에 찜기를 얹어 놓은 형태입니다. 우리에게는 시루와 같은 기물입니다. '궤(簋)'는 '정(鼎)'과 세트였는데 '정'은 고기를 조리하는 기구이고 '궤'는 고기 음식을 담는 기물로 세트를 이룹니다. 서주 열정제도(列鼎制度)에 사용되는 권력을 상징하는 기물에 해당합니다.

궤(簋)	보(簠)

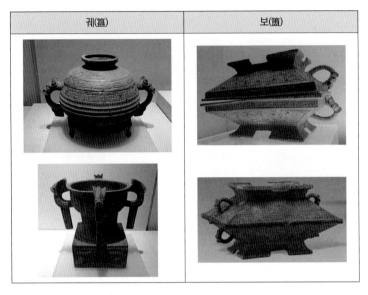

대(敦)	두(豆)	수(盨)

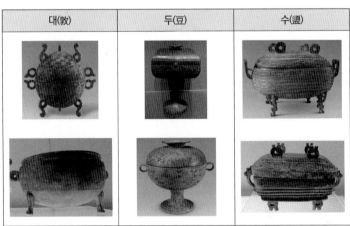

한자와 출토문헌

이어서 '보(簠)'는 모양이 위아래가 똑같은 형태입니다. '보(簠)'는 곡식을 담는 기물입니다. 이어서 '대(敦)'인데 실제로 보면 생각보다는 조금 큽니다. 처음에는 뚜껑이 있는 형태이다가 점차 뚜껑이 없는 타원형의 형태로 발전합니다. '두(豆)'는 육회(肉膾), 육장(肉醬)을 담는 그릇입니다. 중국의 고대문헌에서 육장을 담가놨다고 한다면 여기에 담았을 것으로 짐작해도 무방합니다. 뚜껑이 있

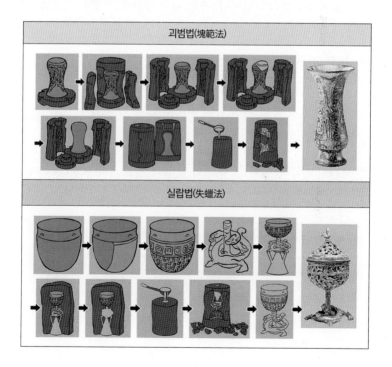

는 것이 일반적인 모양이고 아래 다리가 조금 깁니다. '수(盨)'는 '궤'의 한 종류의 기물이라고 할 수 있는데 '궤'보다 펑퍼짐합니다. '궤'에 뚜껑을 달아 사용하는 것이라고 할 수 있습니다.

그러면 이 청동기들은 어떤 방법으로 만들어졌을까요? 간단하게 청동기 제작 방법에 대해 살펴보겠습니다. 첫 번째로 괴범법(塊範法)입니다. 먼저 틀을 만들고 안을 채우고 밖의 구조물을 떼내는 형식으로 만들어냅니다. 본뜬 외부 형태를 부수고 기물을 만들어 내는 것이기 때문에 세상에 유일한 하나밖에 없는 기물이라 할 수 있습니다. 또 실랍법(失蠟法)이 있습니다. 실랍법은 밀랍으로 모양을 만듭니다. 그다음에 주물을 부어서 넣습니다. 겉 부분을 떼 내고 주조를 한 뒤 부으면 밀랍이 녹고 그 안을 주물이 채워져서 기물이 만들어집니다. 이를 실랍법이라고 합니다. 청동 기물은 시간이 갈수록 점차 그 형태와 모양이 정교해지는데 다리부분

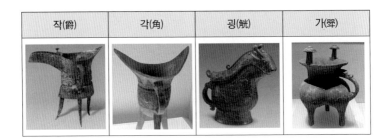

작(爵)	각(角)	굉(觥)	가(斝)

이나 손잡이 부분과 같은 연결부분이 섬세하게 연결되면서 정교함이 완성되어 감을 확인할 수 있습니다.

술을 담는 주기(酒器)는 주로 잔과 주전자로 나눌 수 있습니다. 잔 모양을 '각(角)'이라고 합니다. '가(斝)' 또한 잔에 해당합니다. '굉(觥)'은 귀엽게 보통 물소 모양을 가지고 있습니다. 실제로 보면 크기가 큽니다. 다른 청동 주기에 비해 생동감이 있고 매우 이색적입니다.

'수기(水器)' 같은 경우는 오리들이 노는 모습인데 실제로 보니 현대 장식예술 못지않게 아름답습니다. 고대문명의 산물이라고 한다면 다소 투박하거나 촌스러울 것으로 생각할 수 있지만 당시 기물의 장식에서 미에 대한 인식이 매우 높고 기술 또한 발달했다는 사실을 살필 수 있습니다.

그 다음은 악기입니다. 악기는 별도로 다루어야 할 정도로 웅장하고 다양하다고 할 수 있습니다. 사실 서주시기는 그렇게 악기가 출토되지 않았고 춘주전국시대의 거대한 악기들이 발견되었습니다.

전국문자(戰國文字)는 전국시대에 사용됐던 글자를 말합니다. 금문과 같이 기물에 글자를 새겨 전승한 것이 아니라 다양한 재료에 글자를 쓴 전국시대의 글자체라고 말할 수 있습니다. 실제로 문자가 서사되어 있는 죽서(竹書), 백서(帛書), 새인(璽印) 등을 각각의 재료로 다루어야 합니다. 전국시대는 말씀드렸듯이 '진(秦), 초(楚), 연(燕), 제(帝), 한(韓), 위(魏), 조(趙)'에 해당하는 7개의 나라들을 말하는데 문자로 봤을 때는 이학근 선생님께서 일단은 다섯 계통으로 분류했습니다. 제나라 계통, 연나라 계통, 진나라 계통, 초나라 계통, 진(晉)나라 계통 이렇게 5개로 나누었고, '한(韓), 위(魏), 조(趙)' 이 세 나라를 함께 진나라 계통, 즉 삼진(三晉)계통의 문자라고 분류하였습니다. 나머지의 작은 나라들이 있는데 그 나라들이 언급될 때 이들이 어떤 계통의 문자를 사용하는지 점검해 볼 수 있을 것입니다.

그리고 장식성이 강한 월(鉞)이라는 도끼 장식품이나 약속의 징표로 사용되는 호부(虎符) 같은 것들이 생겨납니다. 그 이전과는 달리 더 이상 큰 정(鼎)과 같은 큰 기물들은 만들지 않고 점차 작은 장식품, 신용지물인 부절(符節) 등과 같이 실용적이거나 장식적인 작은 기물들이 생겨납니다. 병부는 주로 호부인데 호랑이 모양의 기물입니다. 부절은 두 개의 기물을 하나로 결합해야 그 글자가 완성되게 하여 신분, 약속을 확인하는 것이었는데 주로 신용지물(信用之物)로 사용합니다. 호랑이 모양이 많았고 지금까지 남아있는 것은 대부분 통일 진(秦)계통의 것들만 남아 있습니다. 특이한 것은 도량형(度量衡)입니다. 도량형에도 글자들이 새겨있습니다. 도량형은 이 시기 처음 등장하는 기물들입니다. 진의 시황제가 도량형과 수레바퀴의 크기를 통일하면서 도량형이 등장하게 되었습니다. 즉 도량형은 시대가 확정된 기물이라고 보아야 할 것입니다.

이어서 백서(帛書), 즉 비단에 글자를 쓴 출토문헌이 있습니다. 백서는 글자 모양이 작으며 주로 예서(隸書)를 씁니다. 죽간은 시기에 따라서 또는 지역에 따라서 다른 글자체들을 사용하고 있는데 실제로 이것보다 약간 더 두꺼운 폭의 글자를 썼습니다. 일반적으로는 얇은 백서 글자들은 폭이 좁습니다. 종종 좁은 폭에 붓으로 글자를 썼습니다. 우리가 지금 생각하는 것보다 훨씬 가늘고 작으며 길이가 15cm 정도 하는 작은 글자를 쓸 수 있는 붓들이었습니다. 훗날 일본에서는 붓의 변화가 서체의 변화를 가져왔다는 연구도 생겨납니다. 글자를 쓴다는 것은 부가적인 여러 매체의 영향을 크게 받는 것 같습니다. 곽점(郭店)지역에 있는 형주박물관을 방문한 적이 있었는데, 당 시대의 붓과 먹, 죽간이 함께 전시되어 있던 것으로 기억됩니다.

이어서 새인문자(璽印文字)라고 하는 도장문자가 있습니다. 국가의 도장 즉, 관새(官璽)가 중요한 것은 관새는 국가에서 관리하는 모종의 역사 자료이기 때문으로 역사적 기록을 남긴 것이라고 할 수 있을 정도로 중요하게 다루어지고 있기 때문입니다. '길어새인(吉語璽印)'이나 '참어새인(讖語璽印)'과 같은 새인에는 관새와 달리 좋은 말들이 기록되어 있는데, '영원히 건강하시오', '영원히 평안하시오'와 같은 내용을 담고 있습니다.

화폐에도 문자가 새겨져있습니다. 이 중 칼 모양을 가진 도폐(刀幣)가 있습니다. 화폐는 사용 지역들이 달라서 지역과 기물을 함께 확인하시면서 공부해야 합니다. 화폐는 손가락 한마디도 안되는 크기이지만 화폐로 기능하고 사용되었던 것 같습니다. 조개화폐는 글자가 새겨져 있다는 특징이 있습니다만 크기가 작았지만 동전처럼 사용되지는 않았을 것으로 여겨지고 있습니다.

중국에는 주로 저초문(詛楚文)이라고 해서 초나라를 저주하는 글이 있는데 진(秦)나라에서 지어지고 전했던 내용입니다.

최근에 정리된 출토유물로 청화대학교 소장 전국초간(戰國楚簡)입니다. 죽간은 오랫동안 땅 속에 있었기 때문에 색깔이 다소 검고, 약품을 많이 사용해서 다루는데 주의해야 합니다. 2018년 답사 당시 북경대학교의 한간(漢簡)을 보관한 수장고를 방문했습니다. 『북대간(北大簡)』은 이처럼 곽점과 거의 동일한 방법으로 보관되어 있음을 확인할 수 있었습니다.

한지와 출토문헌

제3장

마왕퇴와 곽점의 발견

Ⅰ. 시작하며

　박사과정 첫 학기, 방과 후 기숙사 책상에 앉아 붓글씨를 쓰는 일은 당시 저에게 있어서 매우 중요한 일과였습니다. 물론 한자 중에서도 해서체를 주로 썼습니다. 서예 교수님의 수업을 이해하기 위해 자진해서 반강제로 한자를 썼던 시기였습니다. 지금도 글자를 쓰다 보면 당시 그 마음이 느껴져 잠시나마 마음이 안정되기도 합니다.

　저는 개인적으로 갑골문(甲骨文)보다 초죽간(楚竹簡) 글자를 더 좋아합니다. 오늘 공부할 초죽간 곽점본의 글자는 일반 한자의 딱딱함과는 거리가 있습니다. 당시 함께 유학하던 친구 중에서 고문자에 대해서는 문외한이라고 자칭하던 친구가 곽점 수업 도중에 느닷없이 전국문자에 심취하게 되었다는 고백 아닌 고백을 했던 기억이 문득 떠오릅니다. 그 친구는 『곽점(郭店)』 수업을 계기로 매일의 한자쓰기에서 즐거움을 찾았던 것으로 기업됩니다. 저는 그 친구의 말들이 공감이 됩니다. 글자를 쓰다 보면 나름대로 얻어지는 마음의 위안 이런 게 있습니다. 그런 이유로 글자를 보면 그 사람이 보인다고들 하는 것 같습니다. 우리는 글자 필사의 과정에서 글자 자형공부는 물론 당시 글자를 필사했던 이들의 마음도 읽어낼 수 있을 것입니다. 글자를 유심히 보면 시공을 초월해서 그때로 돌아가는 타임머신을 타고 간 것 같은 그런 느낌을 가끔 받습니다. 이 지점에서 필사의 필요성은 단순한 글자의 숙지에 있는 것이 아니라는 생각이 듭니다.

『곽점』은 곽점 지역에서 출토되고 정리된 책을 간략하게 줄인 호칭입니다. 『곽점』에 수록된 글자의 자형은 그다지 선명하지 않습니다. 따라서 현대인들의 모사본도 참고해서 공부하는 것도 좋다고 봅니다. 최근 이학근 선생님께서 새로운 판본을 출간하셨는데 2003년도 판본인 것으로 압니다. 지역적으로는 초나라 문자이기 때문에 일반적인 고문자도 잘 모르는 상황에서 지방의 고문자까지 공부하는 것이 과연 가능할지 여러분 스스로 의문을 가질 수도 있습니다. 저는 개인적으로 복잡하고 어렵다는 생각은 버리고 글자에만 집중하는 것도 즐거운 도전이라고 생각합니다.

본 장에서는 지금까지 말씀드린 두 지역의 유물들과 유적, 그리고 출토문헌인 '마왕퇴(馬王堆)', '곽점(郭店)'이라는 문헌들을 소개하려고 합니다. 마왕퇴는 묘지의 명칭이지만 곽점은 어떤 지역의 이름입니다. 형문시에 있는 곽점촌이라는 지역에서 발굴된 출토문헌을 우리는 『곽점(郭店)』이라고 칭합니다. 마왕퇴(馬王堆)는 워낙 유명한 발굴 현장입니다. 특히 당시에 있었던 미이라의 발견은 큰 사건이었습니다. 이곳에서 중년 여성의 미이라가 발견된 것입니다. 더 의미 있는 것은 마왕퇴라는 묘를 발견함으로 인해서 사마천(司馬遷)이 쓴 역사서 즉 『사기(史記)』의 내용이 허구가 아님을 대조할 수 있는 계기가 되었다는 점입니다. 마왕퇴의 묘주(墓主)로 새겨진 인물의 이름이 실제로 『사기』에서 거론되어 있고, 마왕퇴에서 출토된 여러 유물에 그 인물의 이름이 새겨져 있었기 때문에 학계는 왕국유(王國維)의 이중증거법을 근거로 매우 의미 있는 발견이라고 보고 있습니다.

제가 가 본 곳이 바로 곽점입니다. 사실 코로나가 확산되기 직전인 2020년 12월에 중국으로 답사를 하게 되었습니다. 중국에 도착하는 날 감염병의 존재를 방송에서 들었습니다. 20명~30명 정도 함께 답사를 갔었는데 모두 심상치 않다고 생각하고 매우 놀랐습니다. 원래 머물기로 했던 호텔이 비교적 발원지와 가까운 시장 근처였기 때문에 답사의 주최이자 공동 연구의 책임교수님께서는 예약을 급하게 바꾸어 교외의 호텔에서 머물게 되었고, 답사 또한 중심지에서 벗어나서 박물관을 방문하는 방식으로 진행되었습니다. 급박한 상황이긴 했지만 공부는 정말 많이 했습니다. 당시 날씨까지 그다지 좋지 않았기 때문에 방문하는 박물관마다 사람 그림자를 찾기란 거의 불가능했습니다. 돌아보면 어디에나 인파로 고생해야하는 평소의 중국과는 달리 대부분의 박물관에서 저희팀만 관람을 했던 것 같습니다. 게다가 주말에 개방되지 않은 박물관을 방문할 때면, 일정상 중국연구자들과 박물관 측에 양해를 구하고 되도록 주말에 관람하는 방식으로 진행되습니다. 외부 접촉 없이 저희 답사팀만 유적지와 박물관에 있었기 때문에 꼼꼼하게 기물을 보고 사진도 찍고 전공 교수님들께 직접 설명을 들을 수 있었습니다.

Ⅱ. 장강 지역의 기후

먼저 우리가 살펴보려는 이 출토지의 지역적 특징을 말씀드려야 할 것 같아서 당시 제가 찍은 사진을 보여드리겠습니다. 바로 이 사진이 장강의 모습입니다. 안개가 심하고 강 자체가 신비로워서 제가 찍어본 사진입니다. 당시 일대는 이런 안개 낀 날씨가 계속 이어졌습니다. 근처에 삼협(三峽)댐이 있는데 삼협(三峽)댐 이 건설되면서 장강 일대의 스모그가 심해졌고 일대 주민들이 생활의 어려움을 호소했던 것으로 기억됩니다. 이곳 무한(武漢) 근처 장강을 답사하기 전 저는 학술대회 일정으로 삽협지역을 방문한 적이 있습니다. 물론 삼협의 자랑인 댐도 관람했습니다. 그런데 자연이 많이 파괴됐다며 만나는 주민마다 원래 이런 날씨가 아니라는 말을 먼저 꺼내고 안타까워하고 있었습니다. 좀 더 심각한 것은 삼협 지역뿐만 아니라 장강 주변 전체에서 안개가 심하게 끼고 기후변화가 인공적으로 생겨

내가 본 무한 일대의 안개

난 상황이라는 사실이었습니다. 그래서 저는 삼협댐 건설 전에는 무한을 방문해 본 적이 없었기 때문에 무한 지역이 심하게 습기가 많은 지역이라는 인상을 받았습니다. 그렇지만 이곳은 정말 자연이 아름답고 유물이 많은, 여행과 공부를 위해서 한 번쯤은 꼭 가보아야 할 곳이라는 생각이 들었습니다. 그래서 최근 그 일대가 사상 초유의 팬데믹 상황이 발생하게 된 몇 개 지역 중 하나로 지목되었기 때문에 참으로 안타깝다는 생각을 많이 했습니다.

박물관과 일대 출토지의 방문을 통해서 저는 신석기 시대의 문화들과 그 후속 문화들을 살필 수 있었습니다. 이들 문화는 기본적으로 기원전 3천여 년 정도 시기에 시작되었다고 여겨지고 있

습니다. 2천~3천년 사이에 발생한 문화들이 이 지역에서 기반을
잡고 발전했음을 확인할 수 있었습니다.

Ⅲ. 마왕퇴(馬王堆)

장사(長沙)에 있는 마왕퇴(馬王堆) 유적을 어디에서 발굴 또는
관리했을까요? 발굴작업과 관리보관은 대부분 박물관 측에서 진
행합니다. 대부분의 나라와 마찬가지로 박물관에서 구성한 전문
가들이 발굴과 관리는 하는데 마왕퇴 역시 그러했습니다.

> • 위치 : 호남성(湖南省) 장사시(長沙市) 부용구(芙蓉區) 동쪽 유양하(瀏陽
>   河) 근처 마왕퇴(馬王堆)길에 위치
> • 명칭 유래 : 오대시기의 초왕(楚王) 마은(馬殷)의 가족묘라 생각하여 마
>   왕퇴(馬王堆)라 명명

마왕퇴는 한묘(漢墓)에 해당합니다. 문자는 전국문자에서 자형
변화가 가장 많았습니다. 자형변화를 기준으로 고문자연구의 상한
선은 한나라 초기 즉 예변(隸變) 이전인 '서한(西漢)시기'까지라고

여겨지고 있습니다. 마왕퇴백서에 사용한 서체는 대개 예서(隸書)라고 간주할 수 있습니다. 마왕퇴가 서한시기 묘지이니 당연히 예서가 출연하는 시기이고, 쓰여진 글자 자체가 평직해서 해서에 가까운 듯한 느낌이지만 해서는 아직 자형이 완성되지 않아 글자가 어색한 느낌이 든다고 할 수 있습니다. 그렇지만 이미 어느 정도 한자의 고정화된 편방구조가 갖추어져가고 있다고 보여집니다.

장사마왕퇴 박물관과 지도상의 위치

1장과 2장에서 언급한 바와 같이 남쪽 초나라 구강에서 거북이를 가져와서 북쪽에 공급했다고 여겨지는데 여기에서 북쪽은 상나라 은허에 해당합니다. 장사는 구강보다 더 남쪽 내륙에 있는 것으로 확인할 수 있습니다. 여기는 '무한-합비-남경-상해'가 연결되어 있습니다. 무한이 중국의 중간 정도 있다고 생각하시면 될 것 같습니다. 장사, 상해 혹은 남경 위쪽으로 가면 우리가 아는 은 허나 낙양이 있죠. 낙양 일대는 주나라의 수도에 해당하는 지역입니다. 무한에서 장사 마왕퇴까지는 이미 유적들이 다수 발굴되었고, 추후에도 발굴 가능성이 높은 지역이라는 사실을 확실히 알 수 있습니다.

이어서 살필 곳은 장강 이남입니다. 초나라 지역이라고 보시면 되겠습니다. 마왕퇴 발굴 당시 이미 사람들은 이 묘가 한나라 묘라는 것을 인지할 만한 그런 역사적 근거가 있었습니다. 마왕퇴의 발굴 시기는 70년대이지만 모든 유물을 정리하기까지 꽤 오랜 시간이 걸렸습니다. 사람들은 이전부터 그곳에 대해 짐작을 하고 있었습니다. '이곳에는 분명 유적이 있을 것이다.'라고 구전 또는 전설이라고 여겨지는 설들이 있었는데, 단순한 구전이라도 그냥 넘기지 못하는 사람들이 고고학자나 전통 학문을 연구하는 사람들입니다. 왜냐하면 신화에 불과하다고 생각했던 많은 부분이 역사 속에서 존재하고 있는 것이 드러나고 있었고, 마왕퇴는 한나라 시기의 실제 사건을 기반으로 한 묘지였기 때문입니다.

장사 마왕퇴에 대해서 청나라 사람들은 오대(五代)시기 초지역 왕 마은(馬殷)의 가족묘라고 생각을 했습니다. 그래서 마왕퇴라고 이름을 지었던 것입니다. 그렇게 여긴 이유는 옛 지방 행정문서인

지방지의 기록 때문입니다. 그리고 드디어 1951년에 두 개의 거대한 토총(土冢)이 마주보고 있는 현장을 발견합니다. 발견과 동시에 이것이 중요한 유적이라는 짐작을 하였지만 발굴은 하지 못합니다. 중국은 당시 문화대혁명 등 역사적 사건 속에 휘말려 유적발굴이 지지부진했습니다. 아마도 그 사이에 대부분의 유물이 도굴되지 않았을까 미루어 짐작해 봅니다. 특히 2호묘는 거의 대부분의 유물이 도굴되어서 잔해들만 남겨졌다고 알려져 있습니다. 이처럼 마왕퇴는 1951년에 발견이 되었지만 결국 1971년에서야 급하게 발굴을 진행하게 됩니다. 그것도 유물의 중요성을 깨달아서가 아니라 땅이 무너져서 어쩔 수 없이 발굴을 하기 시작합니다. 당시 묘가 무너지면서 여러 사건 사고가 있었겠지만 발굴은 1971년 드디어 착수되었고 1974년 마무리되었으며, 1972년 1월부터 1974년 4월 사이에 대부분의 유물이 발굴됩니다. 문자학적으로 의미있는 것은 발굴지에서 발견된 대량의 백서(帛書)입니다. 백서는 바로 비단에 쓴 글자를 말합니다. 3호묘에서 주로 발견되었습니다. 2호묘는 도굴을 당해서 많이 훼손된 상황이었습니다.

기물(器物)류로는 새인(璽印) 즉 도장이 있었습니다. 다양하게 부장되었을 부장품은 모두 도굴되고 도장만 남아있는 상태였습니다. 또 여러분이 잘 아시는 미라가 있습니다. 마왕퇴에서 한 여인의 미라가 발견되는데 최근 2022년 4월에 미라의 물품을 정리하다가 능형(菱形) 비단 조각에서 문자가 발견됐다고 합니다. 이역시 문자학적으로 의미 있는 사건이라 할 수 있습니다.

마왕퇴 한묘(馬王堆漢墓)	
1951	2개의 마주하는 土冢를 발견. 한대묘로 추정함.
1952	대형묘임을 확인함.
1961	대형묘임을 확인했으나 발굴을 시작하지 못하고 있었음.
1971	지하 군영 의원을 세우기 위해 시공하면서 무너지는 곳이 많고 가염 기체가 새어나오자 호남성박물관의 고고학자들이 급하게 발굴하여 고대묘임을 확인하고 마왕퇴로 명명하였음.
1972	72년 1월~74년 4월 발굴. 3호묘 유골훼손 대량의 백서를 발견, 2호묘도굴로 유골이 훼손되고 3개의 새인만 남음.
1973 ~1974	1~2호묘의발굴이 마무리되고 유물 여인의 사체, 흰 비단 속옷과 서한의 그릇과 백서그림 등 모두 호남성박물관에서 관리.
2022	능형 비단 조각에서 전례(篆隷) 발견.

마왕퇴 한묘의 발굴현황

한대(漢代)문자는 이처럼 '목간(木簡), 죽간(竹簡), 백서(帛書)'와 같은 다양한 서사재료에 기록하였습니다. 최근 마왕퇴 백서 4권[1]이 편집되어 출간됐습니다. 백서뿐만 아니라 마왕퇴 유적안에 안에 죽간도 있고 목간도 있다는 사실을 잘 보여주고 있는 정리본이라고 하겠습니다. 마왕퇴 1호와 3호 묘에서 죽간들이 출토되었는데 특히 3호묘에 있는 것들은 '의서(醫書)' 그리고 '견책(遣策)' 이 두 가지가 있다고 합니다. 이러한 두 가지 형태로 보통 많이 출토되었고 특히 의서가 많아요. 사람들이 생각하기에는 황제내경에 가까운 그 전신(前身)에 해당하는 책들이 아니냐는 견해도 있습니다. 최근에 정리된 백서의 내용도 거의 의술에 관한 내용이거나 약 처방에 관한 내용입니다. 의서는 3호묘에서 가장 먼저 출토되었습니다. 출토 후 각 죽간에 번호를 매기고 천천히 진흙에 뭉쳐있던 죽간을 풀어내서 작업을 한다고 합니다. 죽간들이 진흙으로 엉키고 뭉쳐있는 모습을 박물관이나 관련 서적에서 종종 확인하실 수 있습니다.

다음은 부차적인 이야기로, 마왕퇴에서 발견된 미이라에 대해 이야기해 보겠습니다. 미이라 이름이 '신추부인(辛追夫人)'입니

---

1 구석규(裘錫圭) 주편, 복단대학 출토문헌과 고문자연구중심(復旦大學出土文獻與古文字研究中心), 호남성박물관(湖南省博物館) 편찬, 『장사마왕퇴 한묘간백집성(長沙馬王堆 漢墓簡帛集成)』, 北京: 中華書局, 2014.

다. '신피(辛避)'부인이라고 글자를 분석하기도 합니다. 신추부인은 2100년 전 인물의 미이라로 여전히 형체를 유지하고 있을 뿐 아니라 피부에 탄력도 있다고 합니다. 발견 당시 그 모습이 일반적인 미이라의 형상과는 달리 마치 살아 있는 듯했고 학계는 엄청난 충격에 휩싸였습니다. 당시의 방부 처리 방법에 대해 학계는 너무도 궁금하였고, 실제 해부를 통해 그 사인(死因)을 알고자 했습니다. 고고학 또는 의학연구자들은 미이라의 죽음에 대해서 분석한 결과, 참외씨가 합병증을 일으킨 요인이 되었다고 밝히게 됩니다.

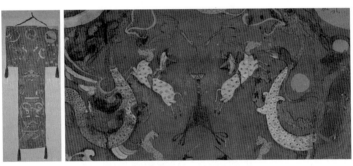

관뚜껑위에 덮혀있던 "T"형 백화도[2]
[一號墓: 印章1개, 음각무늬의 篆書"妾辛追"3글자만 알아내고 1글자를 모름]

---

2   구석규(裘錫圭) 주편, 복단대학 출토문헌과 고문자연구중심(復旦大學出土文獻
    與古文字研究中心), 호남성박물관(湖南省博物館) 편찬, 『장사마왕퇴 한묘간백
    집성(長沙馬 王堆 漢墓簡帛集成)』, 北京: 中華書局, 2014.

마왕퇴한묘(馬王堆漢墓) 중에서도 1호묘는 T형의 관이 있습니다. 관뚜껑 위에 덮여 있던 T형 백화도입니다. 사람이 누워 있을 때 옷을 덮어준 것처럼 보입니다. 백화도는 당시 문화를 알 수 있는 그림으로 담고 있었기 때문에, 이에 대한 예술성과 심미성을 논의하는 전문연구 또한 병진적으로 이루어졌습니다. 이 백화도의 그림 속에서 출현하는 다양한 동물들은 예로부터 인간과 함께 공존해 왔던 동물이었을 것으로 추정할 수 있습니다. 이런 하나하나가 문화적 요소를 추정하도록 하는 힌트가 됩니다.

아래 그림은 3층으로 나누어지는데, 상층에는 뢰(雷), 우(雨), 풍(風)천신이 있고, 중층에는 병기를 잡은 네 명의 무신이 있고, 하층에 3마리 신용이 그려진 "태일축(太一祝)"도입니다.

태축일도("太一祝"圖)

『장사마왕퇴한묘간백집성』이 최근 출간되었습니다.

최근『마왕퇴한묘백서』4권이 출간되긴 하였습니다만『장사마왕퇴한묘간백집성』의 출간으로 글자가 벽화, 죽간과 백서 전반을 총망라하고 세밀한 주석을 통해 과거 노자, 오행 등의 연구에서 한걸음 더 나아갈 수 있는 계기를 마련한 것으로 생각됩니다.

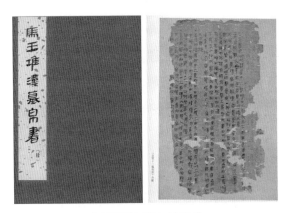

『마왕퇴한묘백서』 정리본[3]

『마왕퇴한묘백서』4권에 글자와 그림이 실려있어 살펴 보았더니, 글자의 자형이 조잡한 듯 하면서도 어느정도 균일한 면모가

---

3   마왕퇴한묘백서정리소조(馬王堆漢墓帛書整理小組) 편저, 『마왕퇴한묘백서(馬王堆漢墓帛書)』, 北京: 語文出版社, 1978.

드러나고 있습니다. 중(中)의 자형에는 균정함이 드러나고 있으나 한편으로 지(知)의 자형은 동일한 책의 동일 페이지 내에 출현하고 있지만, 여전히 옛 글자의 면모를 드러내고 있습니다. 즉, 이 글자들은 확실하게 현대적인 면모를 드러내고 있는 것이 아니라 고대 글자의 면모를 지니고 있는 것입니다. 그래서 이것을 보통은 '전례(篆隸)'라고 부릅니다.

이는 전서(篆書)의 형태를 띠는 예서(隸書)로, 필획은 직선화됐지만 글자 편방에서 변동이 있습니다. 편방도 간략화 되었지만 옛날 글자 즉 고자(古字)의 요소를 그대로 지니고 있는 것들을 전례(篆隸)라고 하는데 신화적인 요소가 충분합니다. 다시 보아도 분명 옛날 글자인 고자(古字)가 분명하고, 또 완전히 필획을 직선화시켜서 곡선도 있지만 전서(篆書)에 비해 '직선화'되었습니다. 예를 들면 초나라 문자인 곽점본의 자형에 비하면 매우 직선화되었습니다. 따라서 초기 문자가 왜 직선화됐다고 하는지 이해가 되실 겁니다. 日자가 있는데요 편방의 필획이 곽점의 자형에서는 3획인 것 ⬧(郭店.語叢3.18)과 달리 ⬛(星18.224)4획이 된 것(⬣ 馬王堆.周易19上)에서 확인할 수 있습니다.[4] 참고로 전국문자에서는 일

---

4   구석규(裘錫圭) 주편, 복단대학 출토문헌과 고문자연구중심(復旦大學出土文獻

반적으로 '일(日)'자는 필획을 나누어 쓰지 않고 동그랗게 한 필획
으로 이어서 씁니다. 그렇게 생각하면 이미 하나의 필획으로서 자
리를 잡은 글자라고 생각할 수 있습니다.

백서 위에는 비단이라는 재료적 특징 때문이었는지 알 수는 없
지만 글자뿐 아니라 그림을 그리기도 하였습니다. 아래 백서 그림
은 사람들이 춤을 추는 그림입니다. 비단에 그린 그림에 대해 전
문적으로 연구하시는 분들이 있을 정도로 당시의 생활상에 대해

마왕퇴 백서에 그려진 춤추는 사람들

與古文字研究中心), 호남성박물관(湖南省博物館) 편찬, 『장사마왕퇴 한묘간백
집성(長沙馬王堆漢墓簡帛集成)』, 1권 「주역경전」19상, 北京: 中華書局, 2014.

한자와 출토문헌

알 수 있는 부분들이 많아 눈여겨볼 만하다는 생각이 들어서 제시해드립니다. 다양한 사람이 각각 춤을 추는 모습입니다. 그림에서 드러나는 춤의 동작, 다양한 의복 등을 통해서 당시인들의 사유방식을 유추할 수 있습니다. 보셨듯이 미이라가 입던 의상도 백사라고 하는 하얀 비단입니다.

죽간과 백서에 나타나는 한자는 이전 시대의 글자와는 다르게 '예서화(隸書化)'되었다는 것을 알 수 있습니다. 아직은 완전한 예서의 형태가 아닙니다. 해서(楷書)의 계통으로 변화되어 가고는 있지만 해서라고 말할 수는 없고, 또 예서(隸書)는 확실한데 자형이 옛날 것들이 많아서 자형이 모두 예서로 바뀌었다고 말할 수도 없는 중간적인 형태를 띠고 있습니다. 그래도 분명하게 변화하는 글자들이 보입니다. 현대 한자와 가까워지는 그런 과도기적인 과정과 자형을 잘 보여주고 있습니다.

그렇다면 곽점과 마왕퇴의 차이는 무엇일까요?

곽점죽간은 전국시대 문헌이고 마왕퇴 백서는 한나라 때 문헌이기 때문에 이들 문헌의 성격이나 자형(字形) 모두 다를 수 밖에 없습니다. 이 죽간 중에서 일부 실 모양이 잘 보이는 죽간도 있습니다. 전국시대의 죽간과 한 대의 죽간은 이미 많이 다릅니다. 다르다는 게 그저 추상적으로 다른 게 아니라 제도에 따라서 다르고 실제로 쓴 내용도 상당히 달랐습니다. 마왕퇴는 왕이긴 했지만 왕이라는 지위가 우리가 생각하는 천자가 아니라 '지역세력' 정도였습니다. 따라서 이렇게 많은 유물을 지녔음에도 불구하고 여전히 공문서들을 많이 가지고 있다기보다는 의서가 더 많았던 것은 제 생각이지만 아무래도 그들 세력이 원하는 의료서와 같은 실질적인 생명연장을 위한 책들이 더 중시되었던 듯합니다. 그래서 당시 참외 씨 때문에 죽음을 맞이하게 됐다는 것은 어떻게 생각하면 인간이 그만큼 약했던 것 같다는 생각을 해 볼 수 있습니다.

마왕퇴에서 발견된 출토문헌은 대개 한나라 때의 죽간에 해당합니다. 문헌을 보시면 다양한 것들이 있는데 지금 주로 많이 연구된 것들은 『노자』 혹은 의서들 그리고 관련 그림들이 있습니다. 그리고 그중에서도 『노자』가 가장 많이 연구되었습니다.

다른 출토된 부장품들을 보면 돼지입니다. 형상이나 모습이 특이해서 보여드리려고 합니다. 이런 유물들은 우리가 지금까지 익숙하게 보아왔던 주나라의 문물들하고 조금 다릅니다. 그들이 속한 민족만이 가지고 있던 특이한 것들을 담고 있는데, 사람 얼굴을 담은 것도 특이하다고 생각합니다. 다른 기물로 칠기(漆器)가 있습니다. 칠기는 초나라와 그 인근의 민족들 사이에서 오랫동안 전통적으로 이어졌던 전통 공예가 아니었나 생각이 듭니다. 특히

한자와 출토문헌

초나라 계통의 문자를 쓰는 '증국(曾國)'이라는 작은 나라가 있었는데, 증후묘(曾侯墓) 코너를 들어가서 관람하면서 그런 생각이 들었습니다. 거의 대부분 칠기를 주로 제작하였고 가야금이나 거문고 같은 류의 악기에서 그런 기타 등등의 악기들이 대부분 다 칠기로 남아 있습니다.

마왕퇴에서 출토된 부장품들 1

다음은 정(鼎)입니다. 정은 다리가 네 개도 있는 것도 있고 세 개도 있는 것도 있습니다. '삼분천하(三分天

마왕퇴에서 출토된 부장품들 2

下), 삼정지세(三鼎之勢)'라는 표현을 종종 사용합니다. 고대 중국 사회에서는 삼정(三鼎)이 사정(四鼎)보다 일반적이고 전형적이라는 사실을 짐작할 수 있습니다.

지금까지 마왕퇴 이야기를 해봤습니다. 마왕퇴는 장사 지역 남쪽에 있는 지역의 이름으로 출토문헌이외에도 다양하고 풍부한 유물이 발견되었으며, 미라의 출현이 특징적인 역사와 실물이 공존하는 대표적인 유적지임을 알 수 있었습니다.

Ⅳ. 곽점(郭店)

이어서 곽점(郭店)을 보겠습니다. 곽점의 위치는 호북성(湖北省) 형문시(荊門市) 일대로 무한(武漢)의 왼편에 위치하고 있습니다. 아래 페이지 사진으로 보이는 기념비는 곽점지역에서 출토된 문헌 중 한 편에 해당하는 『태일생수(太一生水)』의 내용이 적혀져 있습니다. 그리고 이곳 박물관에는 『치의(緇衣)』, 『노자(老子)』, 『태일생수』 등의 다양한 죽간문헌이 전시되어 있었습니다. 그런데 동행한 여러 교수님들과 매우 즐겁게 사진을 찍고 있다가 모두 모조품이라는 사실을 문득 깨달았습니다. 보관이 너무 허술하다고 생각은 했지만 죽간문헌에 대한 설명부분에서 '모조품'이라는 단어를 발견했기 때문입니다. 박물관은 사실만을 말한다는 큰 깨달음을 얻는 순간이었습니다.

굴가령 유적지는 허허벌판에 하나의 비석만으로 그 존재를 드러내고 있었습니다. 우리가 탑승했던 버스는 끝이 보이지 않는 도로를 따라가다가 어느덧 더 이상 버스가 들어갈 수 없는 길에 다다르게 되자 곧 멈추었습니다. 우리는 추적추적 내리는 비에 우산을 쓰고 붉은 땅이 드러난 언덕배기로 이동했습니다. 몇 걸음 걷지 않았지만 신발은 모두 붉은 황토에 점령당했고 무기력한 마음으로 걸음을 옮겨야 했습니다. 그리고 도착한 곳은 아직 발굴이 진행되고 있는 곳이었습니다. 저는 발굴지를 밟았다는 감격에 가슴이 벅찼습니다. 그 지역은 붉은 색 점토질의 땅이었습니다. 땅이 좋고 사람들이 살기 좋았을 것 같은데, 왜 지금은 이렇게 버려진 땅이 되었을까라는 생각이 들기도 하고 안타깝기도 했습니다. 그렇지만 한편으로는 이 지역이 개발이 더디게 진행되는 지역이었기 때문에 현재를 살고 있는 우리가 과거의 유적을 발견해서 목도할 수 있고 옛 것들을 느낄 수도 있어서 다행이라고 생각하면서 또 안도의 숨을 쉬기도 했습니다.

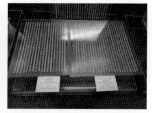

곽점초간이 발견된 곳과 湖北省博物館 수장품들

『곽점초묘죽간(郭店楚墓竹簡)』에 대한 책은 사진과 같습니다. 제가 예시로 든 부분은 흑백으로 영인된 죽간 정리 영인본이라고 볼 수 있겠습니다. 흑백으로 된 문자를 담은 판본이 최초의 판본입니다. 문자는 모사(摹寫)의 방법으로 글자의 형태를 확정하고 그것을 공부하는데, 모사는 모방해서 쓴다는 뜻이고 일종의 '따라쓰기' 방법을 말합니다.

죽간을 묶어놓은 실의 흔적이 매우 잘 보이는 예도 있습니다. 옛날에는 끈을 묶어서 책을 만들었습니다. 책을 만들 때 초나라 계통 죽간의 뒷면에는 죽간 책을 만들 때 반듯한 것도 있지만 비스듬한 것 즉 계단식으로 된 책도 있습니다. 책을 만들 때 끈이 있는 부분을 '개구'라고 하는데 깎아진 곳에 실을 끼워서 묶는 개구가 반듯하게 엮여 있는 것과 계단식으로 엮여 있는 것들이 있습니다. 반듯한 것들은 거의 행정 문서나 공문서로 사용되거나 정책수행 과정에서 사용되는 그런 죽간들에 해당하며 이러한 죽간들은 반드시 균일한 형태로 묶어야 했다고 합니다.

『포산초간(包山楚簡)』에 대해 간단히 말씀드리면, 『포산초간』은 대부분이 일반 행정 문서 내용의 출토문헌입니다. 그래서 법률문서와 행정적인 내용을 담은 '누가 어디에서 무슨 일을 어떻게 하였다'와 같은 서술의 글들이 대부분입니다. 포산간 죽간들은 국가

한자와 출토문헌

문서였기 때문에 대부분 길이가 매우 깁니다. 길이가 일정하게 길고 모양도 균일한 점이 바로 초나라의 규격화된 서사 법칙이었을 것이라고 받아들여지고 있습니다. 기원전 4세기에서 3세기 초의 문자라고 생각하고 호북성 형문시 곽점에 대해 분석해 볼 수 있습니다.

『곽점초묘죽간』 정리본5

이어서 1호 묘입니다. 길이가 다른 세 가지 종류의 죽간이 출

---

5   형문시박물관(荊門市博物館), 『곽점초묘죽간(郭店楚墓竹簡)』, 北京: 文物出版社, 1998.

현하고 있습니다. 죽간의 수량은 총 804매로 글자가 있는 죽간은 730매이고, 총 만 삼천여 글자가 수록되어 있습니다. 포산초간도 형문시 박물관에서 관리를 합니다. 포산초간에서 발굴된 유물들 역시 이곳에 전시되어 있습니다. 소장되어 있거나 전시되어 있는 죽간들은 국가에서 중요한 전적(典籍)이라고 인정된 것들이 대부분입니다. 곽점초죽간은 중요한 문서로 일반 전래문헌과 거의 유사한 지위를 부여받고 있습니다. 곽점초죽간은 내용적인 부분에 있어서 학계에서 기존에 해결하지 못했던 의문점들을 해결해 주는 근거가 되었기 때문에 매우 중시되고 있습니다. 또 유가 경전과 노자와 같은 중요한 사상서들을 포함하고 있어 더욱 중요한 연구자료로 여겨지고 있습니다. 『오행』, 『성자명출』, 『태일생수』 같은 경우는 춘추전국시대 사상적 근간이 되는 또 다른 내용이기 때문에 매우 중요시되는 출토문헌입니다.

- 【年代】 기원전 4세기 중엽~3세기 초
- 【出土】 1993 湖北省荊門市郭店一號楚墓
- 【크기】 3종류: 길이 32.5cm 정도; 길이 26.5~30.6cm; 길이 15~17.5cm
- 【수량】 804매, 글자가 있는 죽간 730매
- 【글자 수】 13,000여 개의 초나라 문자

한자와 출토문헌

제4장

『청화간』과 『상박간』

Ⅰ. 시작하며

3장에서는 장사 마왕퇴와 곽점의 문물을 살펴보았습니다. 4장에서는 죽간의 내용만을 보도록 하겠습니다. 4장에서 보는 죽간은 발굴로 인해 정리된 죽간이 아니라, 시장을 통해 이미 발굴된 죽간 더미를 정리한 정리본 출토문헌 『청화간』과 『상박간』입니다. 3장에서는 『사기』에 기록된 내용들이 신화가 아닌 역사기술일 것이라고 추정해 보았습니다. 우리가 어떤 유적을 발굴한다는 것은 역사와 신화의 경계를 깨닫는 순간이라고 생각됩니다. 그리고 『곽점』 같은 경우, 초죽간에 나타나는 출토문헌의 특징에 대해 말씀드렸습니다. 3장에서 많은 유적들에 대해 이야기했지요. 곽점의 칠기와 같은 남방 문화에 아름다운 문물들에 대해서도 이야기 나누었습니다. 장사 지역은 무한보다 아래쪽에 위치합니다. 무한 위쪽에 안양(安陽) 즉 은허(殷墟)가 있고 그 은허 위쪽에 북경(北京)이 있습니다. 지역들을 연결해 보시면 공부하는데 도움이 되실 것 같습니다.

II. 『清華大學藏戰國楚簡』[1]

　여러분 짐작은 하시겠지만 『청화간』은 바로 북경의 청화대학교에서 정리한 죽간을 말합니다. 청화대학교는 야경이 참 멋집니다. 가끔 산책할 때 잔디밭이 예쁘고 좋다는 생각을 했습니다. 청화대학교 출토문헌연구소 그리고 보호중심센터가 있습니다. 센터가 생겨나게 된 배경 중에 가장 중요한 이유는 청화간 때문일 것입니다. 청화대학교가 전국죽간(戰國竹簡)을 입수했기 때문인데, 구매를 통해 정리를 하다 보니 센터를 필요로 한 것입니다. 현재 센터는 주로 학술활동의 역할을 수행하고 있습니다. 청화간 센터의 홈페이지에서는 센터의 설립, 목적, 활동상황을 상세하게 설명하고 있습니다.

　그리고 학술적인 연구성과, 죽간 관련된 학술지들에 대한 소개, 센터의 공헌 등을 알 수 있습니다. 기증된 죽간인 청화대학교장 전국 죽간을 죽간본이라고 사람들이 인정하게 된 배경은 다음

1　유국충(劉國忠), 『청화간으로 나아가며(走進清華簡)』, 北京: 高等教育出版社, 2011.4. 유국충의 글에서 청화간의 유입과정과 편재를 잘 설명해 두었다. 『청화대학교장전국초간(清華大學藏戰國楚簡)』의 명칭은 주로 『청화간(清華簡)』이라고 줄여서 칭한다. 현재 12권까지 출간되었다.

과 같습니다. 먼저 기증이 됐다는 것은 누군가가 이것을 구매하고 정리했다는 의미입니다. 청화간은 조위국(趙偉國)이라는 분이 구매하고 이를 학교에 기증을 하셨습니다.

기증자 : 趙偉國
명칭 : 2008年7月15日기증, 청화대학교에서 소장하여 "청화대학교장전국초간" 또는 "청화간"이라고 줄여 말한다.
연대측정 : 탄소측정, 교정년대 前305±30年(전국중후기)
죽간 크기 : 46cm~10cm미만
수량 : 2,388매(소수의 잔편포함) 14계통

해외로 많이 흘러가는 유물을 사들인 것에 대해 일부에서는 '구조(救助)', '응급조치'라고 표현하고 있는데, 중국의 입장에서 본다면, 역사적 가치를 지닌 국가적인 보물이 해외로 흘러가고 도굴꾼들에 의해서 험하게 다루어지는 것은 마음 아픈 일이라고 생각됩니다. 만약에 한국에서의 일이었다면 저 같은 경우도 '구조(救助)'라는 표현을 할 수밖에 없을 것 같습니다. 본 자료가 기증품이 된 이유는 해외로 도굴꾼들이 빼내는 유물들을 막기 위해서 구매 기증을 했다고 합니다. 그러면 이 구조된 유물들이 진품(眞品)

인지 가품(假品)인지 진위(眞僞) 문제에 대해서 검증하지 않을 수 없습니다. 그런데 이 자료는 진품이라고 대부분 생각을 하고 있습니다. 왜냐하면 여러 가지 증거도 있지만 그런 문헌 내용 자체를 일일이 조작하기가 불가능하기 때문입니다. 체계적인 내용이지만 또 내용 자체도 깊이가 있고 옛날 것과는 다르고, 비슷하지만 똑같은 것도 아니고 문장도 깔끔합니다. 전래문헌에서 분명하지 않거나 문맥이 성립되지 않았던 것들이 이 출토품에 의해서 의미가 정확해지고 보다 보완되면서 문맥이 훨씬 더 자연스러워진 경우가 종종 생겨났기 때문에 당연히 진품이라고 생각하고 있습니다. 하지만 여전히 논란이 되는 문장들이 있습니다. 논란이 되는 문장들에 대해서 뒤에서 살펴보도록 하겠습니다.

이 자료는 2008년 7월 15일 기증을 받았다고 합니다. 현재 청화대학교에서 이를 소장하고 관리하고 있으며, 청화대학에서 소장하고 있기 때문에, 『청화대학교장전국초간(清華大學藏戰國楚簡)』이라는 지금의 명칭을 얻게 되면서 『청화간』이라고 줄여 부르게 되었습니다. 연대 측정은 탄소 측정 탄소 14원소 측정이라고 합니다. 탄소 14원소 측정이 가장 객관적이라고 여겨지는 시대 측정의 기준이 되고 있습니다. 오늘날 탄소 14원소 측정을 진행했다고 한다면 30년 전후의 시대적 간격을 두고 문물의 시대를 확정지을 수

한자와 출토문헌

있습니다. 예전에는 탄소측정 결과의 전후 100년 정도로 측정한 문물의 시기를 추정했습니다. 기술이 좋아져서 상하한선으로 30년 정도로 보시면 됩니다.

전국 중후기의 자료이며 죽간 크기는 46cm 길이 정도입니다. 여기에서 10cm 미만 정도까지 다양하게 존재하는 것으로 보입니다. 『포산초간』 자체가 길고 크다고 언급한 바 있는데, 그런 큰 죽간들은 공문서에 해당하는 것으로 짐작할 수 있습니다. 공문서이기 때문에 제도상 크기가 아마 정해져 있었을 것이고 균일한 크기로 하나의 형태가 유지되었을 것입니다. 죽간 크기가 크지 않은 것들은 주로 '전적(典籍)류 문헌'입니다. 이는 공문서는 아니고 전문가의 필사를 통해 전해지는 전적 자료에 해당합니다. 수량은 2,388매이고 잔편들을 모두 포함한 것인데, 최초로 발표되었을 때는 2,100매라고 했던 것을 최근 2,388매라고 거의 확정했다고 합니다. 이미 11권까지 출간된 겄으로 알고 있습니다. 여기까지가 청화간의 현재 출간과 정리 상황입니다.

저는 개인적으로 고문헌의 발굴과 발견이 이전과 달라진 것은 발굴 자체의 패턴이 달라진 것이라고 생각합니다. 마왕퇴는 50년대 발견됐지만 70년대에서야 발굴이 됐습니다. 결국 사람들이 지하에 건물을 짓는 과정에서 사고가 나면서 급하게 발굴을 했는데 유물에는 좋지 않은 영향을 주었습니다. 만약에 계획대로 좀 더 서둘러 발굴을 했다면 이런 일이 없었겠지만, 계획대로 이루어지지 않으면서 그 사이 결국이 마왕퇴 유물들이 도굴되어 출토지 유실이라는 큰 사건들이 발생한 것입니다. 유적훼손이라는 과거의 사건들을 돌이켜 보았을 때 도굴을 막기 위해서는 일대를 제도적으로 보호했어야 한다고 생각됩니다. 그리고 그렇게 국가가 방관하는 기간동안 도굴꾼들은 쾌재를 부르며 도굴했던 것 같습니다. 고대 유적지의 위치를 추정할 수 있는 경우가 종종 있습니다. 역사적인 배경을 고찰하고 둘러보면 대강 어떤 위치에 유적이 있을 것이라고 짐작할 수 있기 마련이기 때문이지요.

그러나 한편으로 유적지의 위치에 대한 역사학자들의 추정이 가능하다고 해도, 실제 분묘를 특정하고 발굴하는 작업하는 일은 결코 쉽지 않습니다. 보이는 것부터 찾아내서 발굴을 해야 하겠지만 보이지 않는 것들을 도굴꾼들이 먼저 찾아내서 그것들을 훔쳐갔다면, 도굴된 유물들을 찾아오는 것 또한 당연히 중요한 일이라고 생각을 해야합니다. 만약에 어쩔 수 없이 그것들을 사들여야 된다면 구매를 진행해야 할 것입니다. 구매와 정리과정을 국가가 최대한 지원하는 것도 연구지원의 방법이자 문물보호의 방법이기 때문입니다.

한자와 출토문헌

일부 출토문헌의 유입과 문헌으로써 정리하는 과정에는 도굴품의 구매라는 필연적 과정을 거치기도 합니다. 그러나 저는 이런 이유로 출토문헌에 대해 신빙성이 없다고 바라보는 기존의 출토문헌에 대한 선입견은 이제 바뀌어야 한다고 생각합니다. 저의 생각을 정리해서 말씀드리면, 문화재와 문물을 대하는 사고방식의 전환이 필요하다고 봅니다. 그리고 보호가 우선되는 인류애적인 태도가 필요할 것입니다. 또 자본 중심의 현대사회를 이해하고자 하는 우리의 숙명에 대해서도 받아들일 필요가 있습니다. 이 부분은 청화간이 출간된 배경과 맞물리는 부분인데 문화재의 도굴, 자본주의적 토지개발과 같은 상황에서 문화재를 계속 보호해야 하는 이유에 대해 고민해야 할 것이고, 우리의 공부가 헛되지 않게 꾸준히 고민해야 할 것입니다. 그리고 우리가 문화재에 대한 관심을 기울이고, 학자들뿐만 아니라 시민 스스로가 역사를 지키고자 하는 태도로서 경계하면 사회적으로 야기되는 문제들은 자연스레 해결될 것이라고 봅니다.

1. 『청화간』의 의의

『청화간』이 지니는 의의는 역사적 내용과 다른 내용이 담겨

있거나 새로운 내용을 담고 있다는 점에 있습니다.

첫 번째는 주나라 문왕(周 文王)이 임종하는 것을 아들 발(發: 武王)에게 말한 부분이 있습니다. 전래문헌 원문에는 편지가 없는데, 청화간에서는 출현하고 있습니다. 이 부분에 대한 내용적 근거로 「보훈(保訓)」편이 언급되고 있습니다. 「보훈(保訓)」편은 중요한 사건을 다룬 내용이기 때문에 역사적으로도 중요하고 기존 문헌과는 다른 내용이 담겨진 부분, 즉 유언을 남기는 부분이 있어서 매우 중요합니다.

두 번째는 이 글에 악시(樂詩)가 하나 실려 있는데 악시에 대한 내용도 토론의 화두로서 거론되었습니다. 따라서 「보훈(保訓)」편'의 출현과 '악시의 발견' 이 두 가지가 가장 큰 이슈가 되었습니다.

李學勤 :

"有的詩竟與『詩經·國風·蟋蟀』一詩有關, 前所未見, 令人驚奇"

("시경 국풍 실솔(귀뚜라미)이라는 시와 연관이 있는데, 예전에 보지 못했던 것이라 사람으로 하여금 놀라게 한다.)"

지금은 악경이 사라졌기 때문에 『청화간』 1편은 악경의 증거 중 하나가 된다는 점에서 의미있는 내용을 담고 있다고 말할 수 있습니다. 앞서 말씀드린 바와 같이 초나라의 영향 속에 있던 증국(曾國)이라는 작은 나라가 있었습니다. 증국에 있는 그 유적 자료들을 보면서 당시의 악기에 대해 살펴보려고 합니다.

증후을묘 부장품으로 발견된 의례 종

증후을묘(曾侯乙墓)라는 유적지가 있는데, 증나라 제후의 묘입니다. 천문박물관(天門博物館)에서 증후묘의 부장품을 전시해두고 있는데, 증국의 악기들을 살펴보면 당시 음악의 체계와 악기에 대해 알 수 있습니다.

왼쪽 칠기(漆器)에는 현금(玄琴)이라고 쓰여 있습니다. 현금 즉

슬(瑟)

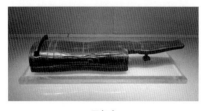

금(琴)

검은 거문고를 말합니다. 아마 현금의 양쪽에 현을 걸고 이어서 연주했을 것으로 여겨집니다. 우리나라의 거문고처럼 생겼습니다. '슬(瑟)'의 경우에는 튼튼하고 큽니다. 제가 생각하는 것보다 훨씬 컸습니다. 1m는 넘었던 것 같습니다. 그다음 '배소(排簫)'라고 하는데 신기해서 사진으로 남겼던 기억이 납니다. 다른 악기들의 예를 들면, 먼저, 칠을 한 악기인 피리 '적(笛)'이 있습니다. 이어, '생(笙)'입니다. 증나라에서 발견된 '생'의 형상은 매우 독특하여 동그란 원통모양의 손잡이가 있고 피리가 여러 개 달려 있는 것 같은 모습입니다. 숨을 쉬는 부분을 제외하고 오늘날 전해지는 '생'의 모습과 거의 비슷한 형상입니다. 제가 관람하면서 놀랐던 부분은 바로 '종(鐘)'입니다.

크고 웅장한 완전한 종 한 세트로 무덤에 흩어져 있던 것을 다시 조합해둔 것이라고 합니다. 사진을 잘 보시면 종 받침대에 있는 청동 사람이 뒤편 유리로 비추어지는 실제 사람 크기만 합니다. 아마 사람 크기 원형 그대로 제작한 종이 아닐까 짐작해 봅니다. 이 종을 실제로 두드려 볼 수 있도록 거의 유사한 크기의 방품을 제작해 두어서 저도 두드려 보았는데 종은 크기에 따라서 각각의 소리가 다릅니다. 신기한 체험이었습니다.

배소(排簫)

증후을묘 전시관 입구

　　증후 묘 유물 하나하나에서 당시인들의 수준 높은 청동제작기술과 뛰어난 미적 감각을 엿볼 수 있었습니다. 사람 크기의 기둥 그리고 이 문양 같은 것들 살펴보면 매우 섬세했던 기억이 납니다 그리고 어떤 기물로 타격을 가해 소리를 내는 악기도 있었습니다. 다른 세공 기술을 보여드리면 남쪽 지역의 세공 기술이란 믿기지 않을 만큼 뛰어났던 것 같습니다. 문화적으로도 앞서 있었는데, 이는 자원과 산물이 풍부한 필연적인 결과라고 생각됩니다. 인간이 삶에서 의식주가 안정되고 나면, 미를 추구하게 되는 것은 본능에 가까운 행동이라고 생각됩니다. 유물들 중 몇 가지 미적 감각이 뛰어난 것들을 예로 언급해 보겠습니다.

먼저, 문화적 수준과 제작 기술에서 본다면 칠기가 으뜸입니다.

원앙과 새 등을 칠기로 제작했는데, 실제로 보면 표면이 매우 섬세하게 조각이 되어 있고 색깔도 입혀 있다는 사실을 발견할 수 있습니다. 이어서 옥기(玉器)입니다. 남방의 문물 중에는 옥기들이 다수 발견되는데 이 중 대표적인 것이 '벽(璧)'입니다. 벽은 동그란 모양의 옥을 말합니다. 옥기에 새겨진 섬세하고 화려하고 아름다운 문양들이 금문에 새겨진 문양 중 도철문과 관계가 있다고 여겨집니다.

주나라부터 초나라까지 역사 기록이 있는 「계년(繫年)」이 있습니다. 「계년」편은 주나라부터 춘추전국 시기까지 그 역사 기록을 비어있는 부분 없이 완전하게 채워주고 있는데 역사 기록의 새로운 출현이라는 점에서 큰 의미가 있다고 평가되고 있습니다. 이어서 「산표(算表)」입니다. 청화간11편 중 에서 4편에 해당하는 「서법(筮法)」편과 「별괘(別卦)」「산표(算表)」3편이 모두 『청화대학교장전국죽간(4)(清華大學藏戰國竹簡(肆))』에 수록되어 있습니다. 4권에 있는 「서법(筮法)」편은 점치는 내용에 대한 기록으로 보통 고대 중

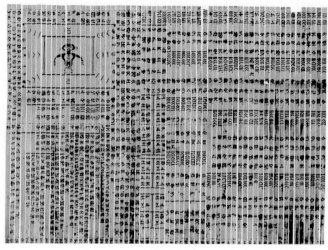

『筮法』

국사회에서는 주역으로 점을 친다고 여겨지지만 주역은 주나라
것이어서 주나라의 점치는 방법이라면 초나라는 보통 서법(筮法)
을 사용해서 점을 쳤다고 합니다.

주역과 비슷한 점사에 사용되는 것으로 활발한 연구가 진행되
었고 새로운 발견이라고 받아들여지고 있습니다. 서법편에 보이
듯이 원숭이의 형상을 사람의 모습이라 빗대고 있어서 저는 스스
로의 눈을 의심했습니다. 원숭이 기원설을 고대인들은 이미 인지
했던 것일까 되물어 보게 되는 순간이었습니다.

이어지는 표는 괘(卦)와 연월일의 배치도인데, 배치된 해당 괘들과 해당 괘의 내용에 대해서 설명하고 있습니다. 특이할 만한 것은 당시 진나라의 초나라의 연월일은 달랐다는 점입니다.

초나라는 10월부터 한 해가 시작한다고 사유했습니다. 10월이 바로 오늘날 정월에 해당합니다. 11월이 2월, 12월이 3월 이런 순서로 표기합니다. 물론 몇몇은 월명이 다릅니다. 진(秦)의 월명이 구월인 것을 초(楚)의 월명에서는 헌마(獻馬)로 표현하고 있습니다. 초나라에서 방월(紡月)은 6월을 말하지만 진나라에서 3월에 해당합니다. 진의 4월은 초의 7월에 해당하는데 월명도 동일하게 7월이라고 표현합니다. 8월, 9월 10월의 이어지는 월명은 순서대로 표현되고 있습니다. 이처럼 진과 초는 각각 다른 월명을 사용하고 또 해당 월 또한 달라 역사서를 읽을 때 주의해야 함을 알 수 있습니다.

진과 초의 월명

秦月名	楚月名	楚曆
十月	冬夕, 冬柰, 中夕	정월
十一月	屈夕, 屈柰	2월

한자와 출토문헌

秦月名	楚月名	楚曆
十二月	援夕, 遠柰	3월
正月	刑夷, 刑屖	4월
二月	夏屎, 夏夷, 夏, 夏屖	5월
三月	紡月, 享月	6월
四月	七月, 夏夕, 夏柰	7월
五月	八月	8월
六月	九月	9월
七月	十月	10월
八月	灷月	11월
九月	獻馬	12월

　　표에서는 몇몇 읽기 어려운 글자가 보입니다. 몇몇 월명에 해당하는 글자들은 초나라에서만 사용한 것이므로 한자를 안다고 하여도 즉각적으로 읽어내기란 결코 쉽지 않습니다.

　　진(秦)과 초(楚)의 년월이 달랐다는 사실을 통해 고대사회를 좀 더 이해하는데 도움이 되지 않을까 생각했습니다.

2. 논란

(1) 보훈편의 내용에 대한 논란

「보훈(保訓)」편을 근거로 한 때 학계에서는 두 가지 논란이 제기되었습니다. 장광위(張光宇) 선생님께서는 「보훈(保訓)」편에 새로운 내용이 있다고 분석하셨는데, 주나라 문왕에 대한 내용에 출현하기 때문에 비교적 중요한 문헌으로 여겨지고 있습니다. 주나라는 천자의 나라라고 여겨졌으며, 천자는 곧 하늘이 내린 사람을 말합니다.

첫 번째 논란은 학자들이 보훈편을 접한 후, 주 문왕의 재위기에 왕이라는 기록이 없다는 점을 들어 이론을 제기하게 됩니다. 사실 문왕이 왕이었다는 기록이 없는 건 어떻게 생각하면 당연한 것입니다. 문왕이 상나라를 정복을 했으니 선왕으로서 존재했을 뿐이니 역사적으로 봤을 때 왕이라는 기록이 없는 것은 당연하기 때문입니다. 예를 들면 이성계와 이방원 같은 경우라고 보시면 됩니다. 우리는 이성계를 왕이라고 하지 않았습니다. 이와 비슷한 상황이라고 생각하시면 되시겠습니다.

이어서 두 번째 논란은 내용 부분에서 '친경(親耕)'이라고 한 부분을 훗날 '궁경(躬耕)'으로 수정하게 됩니다. 즉 '직접 농사한다'의 뜻이며, 여기서는 "옛날 순이 소인을 시켜서 '역구'의 언덕에서 농사를 했는데 농사를 몸소 친히 하였다.(昔舜舊作小人, 親耕於歷丘)" 이런 표현이 있습니다. 그런데 '친경(親耕)'이라는 '직접 농사한다'는 표현을 모든 전래문헌에서 '궁경(躬耕)'이라고 읽고 있습니다. 출토문헌 내용과 전래문헌의 내용이 달라서 독자들은 당연히 이 표현에 대해 반감을 가지게 되었습니다. 그런데 아이러니하게도 학계의 토론을 거쳐 전래문헌의 글자가 잘못되었던 것으로 판명되었습니다. '궁경(躬耕)'이라고 보는 것이 당연히 맞다고 결론짓게 됩니다. 결국 '몸을 구부려서 농사를 짓는다.'는 뜻이기 때문에 '친경(親耕)'이 아닌 '궁경'으로 논란은 사그라들게 된 것입니다.

(2) 응급구조에 대한 비판

도굴 과정에서 유실된 문헌을 사들이는 것을 앞서 '구조한다'고 말한다고 언급한 바 있습니다. 그러나 도굴된 유물을 구조한 것에 대해서 많은 사람들은 비판을 가했습니다. '가품이 아닌지'를 의심하거나 '그런 도굴꾼들이 시장에 내놓은 죽간을 우리가 구매하고 우리가 진품이라고 믿어야 한다면, 도굴된 문헌을 인정하거나 공부하는 것을 하지 않겠다'고 생각하는 학자들이 있었습니다. 곽영병(郭永秉)이라는 분은 그런 연구자들에게 따끔하게 한마

디를 던집니다. "게으른 이들의 대처 방식"이라고 말입니다.

(3) 『청화간(清華簡)』은 역사의 공백을 메우기 위한 위작인가?

어떤 학자들은 『청화간』 「계년(繫年)」은 연보이자 진나라 사람들의 기원에 대한 기록들을 다룬 내용으로 결국은 역사의 공백을 채우는 식의 문헌들이라고 생각했습니다. 이들은 만약 비어있는 역사의 공백이 메워지게 되면 역사가 바뀔 수도 있기 때문에 누군가가 일부러 비어있는 역사 부분만 골라 고의로 죽간을 제작한 것이라고 여겼습니다. 그런데 이 부분에 대해서는 이학근 선생님께서 명쾌하게 답을 주셨습니다. "탄소 14원소 측정을 해보면 305±30년이라는 연도가 확인된다"고 말입니다. 사실 도굴꾼이나 시장에 내놓는 위조품은 매우 조악합니다. 위조품은 상태가 조악하고 완벽하게 내용이 맞는 것이 없습니다. 위조품이 진짜로 둔갑될 정도로 대단하기란 쉽지 않은데 그래도 사람들이 걱정하는 것은 그 당시 사용되던 먹, 붓, 비단, 글씨가 없는 내용이 비어있는 죽간 등이 출토될 수 있고, 어떤 수단 방법을 가리지 않고 무언가를 만들어내려는 사람들이 여전히 있다는 점입니다. 또 그런 것들을 이용해서 탄소 측정이 무의미하게도 위조품을 만들곤 한다는 사실입니다. 이런 이유로 학계는 우려의 목소리를 높이게 된 듯합니다.

그러나 청화간의 경우는 이러한 과정들이 일단락 되었습니다. 앞에서 청화간에 대한 중요한 몇 가지 사항을 짚어봤는데 그럼에도 긍정적인 부분들이 훨씬 더 많다고 생각됩니다.

저도 『청화간』 연구를 하고 있지만 자료를 꼼꼼히 보면 다루어져야 할 언어현상이 매우 다양하고 많습니다. 언어적인 부분에는 '가차(假借)', 즉 소리부분은 반드시 단독으로 연구해야 할 부분으로 보입니다. 본자(本字)가 없이 소리만 있는 글자이거나 비슷한 글자를 빌려 쓴 경우에 대한 연구가 고문자 연구에서는 언어현상에 대한 주요 연구분야입니다. 이 시대에는 글자가 많지 않았기 때문에 하나의 글자를 여러 개의 의미와 글자로 사용하였습니다. 이런 경우 비슷한 의미편방으로 대체하여 글자를 나타내기도 합니다. 예컨대 글월 '문(文)'자가 비슷한 의미 혹은 유사한 발음의 '언(言)'자로 대체되어서 다른 글자를 만들어낸다든지 하는 경우입니다. 이체자, 통가자, 통용자들은 동일하지 않은 개념이지만, '가차(假借)'는 비슷한 소리만 가져다 쓰기 때문에 생동감 있는 말소리와 그 표현이 잘 드러나게 됩니다. 글자의 가차현상까지는 쉽게 위조할 수 없기 때문에 공부를 하다 보면 당연히 청화간이라는 죽간이 진품(眞品)이라는 사실을 인지하게 됩니다. 아이러니하게도 연구자들은 대부분 청화간을 진품으로 긍정하는 상황인데, 오히려 연구자가 아닌 분들이 의심을 하곤 합니다. 향후 출토문헌연구에 있어서는 비록 도굴유물일지라도 이에 대해 감정하고, 그 판본을 수면으로 끌어냄과 동시에 학계로 유입시켜 의미있게 하는 일이 무엇보다 중요해질 것이라고 생각됩니다. 개인적으로 이에 대한 전문영역이 생겨나지 않을까라는 생각이 들 정도로 매우 중요한 상업분야로 자리잡을 것 같습니다. 조정자 역할의 연구자와 사업가층이 지금보다 더 형성될 것이기 때문입니다.

현재 청화간은 계속 해마다 정리 편찬하여 현재 2022년 12권까지 출간되었습니다. 12권 청화간은 크기가 비교적 큽니다. 길이 23.8~57.2cm로 더 선명하고 크게 확대된 도판으로 출판되었습니다.

III. 上海博物館

한편 상해박물관에서는 홍콩에서 사들인 죽간으로 『상해박물관장전국초죽서(上海博物館藏戰國楚竹書)』라는 책을 편찬했습니다. 일명 『상박간(上博簡)』이라고 불리는 이 죽서편찬본은 기증이나 출토지역의 발굴이 아닌 구매를 통해 죽간을 수집·정리했다는 점에서 적지 않은 논란이 있었습니다. 상해박물관 홈페이지를 방

문해 보면 여러 전시, 교육, 강연
등을 안내하고 있습니다.

실제로 상해박물관에 방문해
보신 경험이 있으시다면 혹시
느끼셨나요? 저는 상해박물관
이 매우 '개방적'이라는 인상을
받았습니다. 대중에게 촬영과
참여의 기회를 다양하게 제공하
고, 기록할 수 있도록 도와주는
오픈 마인드로 관람객을 맞이하

마승원(馬承源) 관장

고 있었습니다. 아마도 박물관 측과 박물관 관장님의 마인드가 그
러한 것 같았습니다.

사진의 오른쪽에 있는 분이 박물관장 마승원(馬承源) 선생님이
십니다. 주원청(朱淵淸)이라는 작가분이 있습니다. 주로 보고 문
건들과 관련된 내용들을 엮어서 글을 쓰는 분이신데 2002년 당시
상박(上博)을 방문하면서, 그 당시 인터뷰가 있어서 살펴보았습니
다. 글에서 마승원 박물관장님은 몹시 격양되어 본인이 죽간을 구
매하게 된 일련의 과정을 설명하십니다. 그 내용은 자료를 입수한
초반에 어떻게 죽간들을 확인했는지에 대한 인터뷰 내용입니다.

내용에 따르면 죽간확인의 과정은 이렇습니다.

첫째, 고문자 초기에 해당하는 문자와 일치하는지 확인합니다. 둘째, 문자체와 먹색을 확인합니다. 그리고 셋째, 죽간에 자연광이 들었을 때 그 죽간이 변하는 게 있다고 합니다. 마승원 원장은 그 색깔을 잘 알고 있었고 해당 색깔인지 아닌지를 점검했다고 합니다. 그리고 넷째, 물에 잠겨 있는 죽간편(竹簡片)을 꺼내거나 진흙에 완전히 묶여 있는 축축한 죽간을 꺼내어 구입해 왔기 때문에 물에서 나온 이후 변형이 됐는지 일단 변형 여부를 확인합니다. 변형이 됐다면 그 죽간은 진품이라고 판정합니다. 변형이 안되어 있

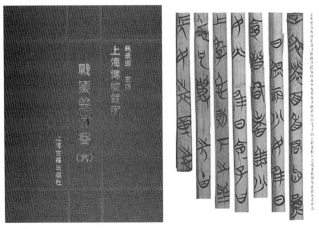

『상해박물관장전국초죽간』 6권과 정리된 죽간의 일부

한자와 출토문헌

으면 진품이 아니라고 판별을 합니다. 물에서 나와 있을 때 형태가 변형되지만 물에 들어가 있을 때는 죽간이 펴져 있겠죠. 저도 죽간을 보관실을 북경대에서 확인할 수 있었는데, 일정한 용기에 액체로 된 약품에 죽간을 넣어 보관하고 있었습니다. 죽간이 잘 펴진 모양을 유지하려면 약품에 담겨 있어야 유지가 된다고 합니다.

상박의 죽간들은 홍콩에서 구입해 온 것입니다. 홍콩 중문대학에 주유광이라는 선생님으로 부터 구입했고 구매과정에서 홍콩에서 많이 도와주셨다고 합니다. 즉 죽간을 중국으로 반입할 때, 홍콩 분이 직접 가져오신 것으로 알고 있습니다. 홍콩은 그때 당시 지금과 상황이 달랐기 때문에 홍콩을 통해서 죽간을 구매하고 중국으로 이동이 가능했습니다. 최초에는 상해박물관에서 죽간 구매비용을 지불했는데 더 많은 죽간들을 구매하면서 홍콩 쪽에서도 자금을 모아 구매했다고 합니다.

상해박물관 측은 당시 일본이나 대만 지역에서도 구매를 시도했지만 대부분 가품으로 판정 났다고 합니다. 그러다 보니 마승원 원장도 처음 주유광 선생님의 책 필사본을 받아보았을 때는 진품이 아니라고 판정했다고 합니다. 심지어 마원장은 필사본의 내용이 너무 정확해서 진품이 아니라 간주하고 구매를 포기하려고 합니다. 그러나 주유광 선생님이 포기하지 않고 다시 더 많은 양의 필사본을 보내게 됩니다. 마원장은 결국 추가 필사본의 내용이 그전에 없던 기록이고, '역사류 기록'이나 '시경(詩經)류 기록' 모두 상당히 참신하고 믿을만한 기록이라고 생각되어 진품이라 확신하고 구매하게 됩니다.

물론 학자들은 다른 죽간이 섞여 있을 가능성에 대해서도 토론하곤 했습니다. 가품인지 진품인지 구별하는 가장 큰 기준은 죽간이 뭉치인지 아닌지의 여부였습니다. 이 죽간들은 하나의 큰 뭉치로 동시에 전해졌습니다. 흙덩이 속에서 많은 죽간들이 모두 엉켜있었기 때문에 진흙에서 죽간을 떼내는 작업도 매우 조심스럽게 진행되었습니다. 중간에 다른 죽간을 끼워 넣을 여지가 없었던 것입니다. 죽간을 흙뭉치에서 다 풀었는데 죽간을 배열하고 조합하는 과정에서 착간은 가능합니다.

이 중 학계에서 격렬한 토론이 이루어진 문장의 예로는 『상박(2)』「용성씨(容成氏)」가 있습니다. '용성씨'라는 제후에 대한 중요한 역사 기록인데 여러 연구자들이 죽간본 「용성씨」편의 배열에 문제가 있다고 판단했습니다. 따라서 현재 연구의 결과는 처음 정리자가 배열한 죽간과 학계에서 인정하는 죽간배열이 다르다고 할 수 있습니다. 이뿐만 아니라 여러 죽간본들의 배열문제는 연구의 핵심이라고 해도 과언이 아닙니다. 이점 주의해서 향후 연구과정에서 주의깊게 살피시기 바랍니다.

『상박』의 의의

그럼 『상해박물관장전국초죽서(上海博物館藏戰國楚竹書)(일명:상박)』의 출토자료로서 어떤 의미를 가질까요? 발견된 죽간본의 내용이 전래본의 내용을 보충하고, 새로운 내용으로 보완하여 역사와 문학의 진면모를 재조명할 수 있다는 점일 것입니다.

첫 번째, 시경에 관한 내용의 발견으로 기존내용을 보완할 수 있었습니다. 전국시대에 일서(逸書)라고 하면 정리되지 않고 남겨진 책을 지칭합니다. 이 중 전국시대판본 「공자시론(孔子詩論)」의 발견은 매우 의미있는 발견으로 여겨지고 있습니다. 『상박(1)』 「공자시론(孔子詩論)」편에는 시경(詩經)과 관련된 내용들이 있습니다. 이 내용 중에 공자가 시경에 대해 언급한 내용을 확인할 수 있습니다.

새로운 문장이 출현한 경우도 있습니다. 『상박』에 실린 내용 중에 병서(兵書)로는 「조말지진(曹沫之陳)」편이 있습니다. 다른 예로 음악사에서 곡목(曲目)은 매우 중요한 발견이었습니다.

두 번째, 사서삼경의 일부분 또는 경학과 관련된 내용이 발견되었는데, 그 내용이 완성되기 이전 원시적 문헌의 면모에서 내용의 변화 과정을 확인할 수 있다는 점입니다.

예를 들어, 기존의 『주역』과는 다른 최초 판본으로 여겨지는 죽간본 『주역』이 발견되기도 하였습니다. 이어서 최초의 『사서(四書)』도 발견되었습니다. 전국시대의 도가(道家)에 관한 「항선(恒先)」과 같은 문장도 발견되었습니다. 이어서 「팽조(彭祖)」는 원래 역사서에 기록되어 있는 팽조라는 인물에 대한 내용입니다. 이 문장이 팽조기록의 전신이 된다고 여겨지면서 한동안 학계전반에서는 이 인물과 문장에 대해 매우 열정적으로 토론했습니다. 이어 「용성씨(容成氏)」는 역사서에서 중요한 발견이라고 할 수 있습니다.

세 번째, 다양한 판본의 출현으로 시대와 지역의 독특한 사상을 확인할 수 있다는 점입니다. 우리가 접하는 중요한 경전들은 여러 판본들이 존재해 왔습니다. 물론 수정과 보완의 과정이 있었겠지만, 그중에서도 가장 중요한 판본이나 좋은 판본들이 현재 전래본의 저본이 되었다고 생각됩니다.

예를 들어 죽간본 내부에서도 초 지역 문헌 『곽점』에 「치의(緇衣)」가 있다면 초 지역이 아닌 문헌 『상박』 「치의(緇衣)」가 있습니다. 즉 지역에 따라 다른 판본 「치의(緇衣)」가 공존했다는 사실을 확인할 수 있습니다.

한자와 출토문헌

노자(老子) 또한 여러 판본이 존재합니다. 현재 확인가능한 판본은 전래본(하상공, 왕필본, 돈황본)을 제외하고도 출토본으로 백서본(『마왕퇴』갑을병본), 죽간본(『곽점』본, 『북대』본)이 있습니다.[2]

이어 『상박』이 의미있다고 평가되는 점은 전래본과 제목은 같으나 사실상 다른 문장이 수록되었다는 점입니다. 「주역(周易)」, 「치의(緇衣)」, 「민지부모(民之父母)」, 「경공략(競公瘧)」 등은 전래문헌과 출토문헌이 다른 내용을 가지고 있는 경우에 해당합니다.

---

2   참고: 조은정, 『죽간에 반영된 노자의 언어』, 대구: PB, 2019.

제5장

출토문헌과 경서
- 상서류

Ⅰ. 시작하며

5장에서는 '출토 문헌과 경서(經書)'에 대해 다루어 보려고 합니다. 경서는 주로 '상서(尙書)류' 중심으로 살펴볼 생각입니다. 4장에서는 『청화간』과 『상박간』에 대해 이야기를 나누어 보았습니다. 『청화간』과 『상박간』 중에 『청화간』의 내용에는 상서류가 많습니다. 그래서 본 장에서는 『청화간』이 중심이 될 듯합니다. 그리고 경서가 무엇인지에 대해서도 말씀을 드리고 이어서 『상서』 자체에 대해서 이야기하게 될 듯합니다. 경학사는 출토문헌을 공부하는 기본 상식들에 해당하는 부분이니 알아두시면 도움이 될 수도 있어서 기초적인 내용 위주로 언급하겠습니다.

4장에서 탄소 14원소 측정의 결과로 『청화간』의 성서 시기가 305년에서 ±30년 정도일 것이라고 함께 추정해 보았습니다. 일반적으로는 연구자들은 일단 정리되고 발표된 출토문헌들에 한해서는 더이상 그 진위에 대해 논의하지 않고 있는 상황입니다. 지난 시간에는 주나라 문왕의 임종과 유언 그리고 악시 이런 것들을 다룬 새로운 내용들의 출현을 주요 사건으로 다루었습니다. 출토문헌에서 새로운 내용들이 등장하고 역사적인 부분이나 전래문헌에서 이해하기 어려웠던 부분들이 채워지게 되었는데 이처럼 새로운 역사기록들을 담고 있는 출토문헌이 바로 우리가 살펴본 『청화간』의 주요 내용입니다.

또 출토문헌들을 어떻게 정리해 내었는지 상박본의 정리과정에 대한 스토리에 대해서도 살폈습니다. 상해박물관장 전국초죽간편에 대한 정리 내용과 마성원 선생님이 죽간을 수집하게 된 과정에 대해서도 정리했습니다. 이어서 전국시기 일서류와 『공자시론(孔子詩論)』의 발견으로 학계는 시경(詩經)과 그 관련 내용들을 일제히 점거하게 됩니다. 연이어 『주역』, 최초의 자서 등과 같은 고대문헌이 발견됨과 동시에 도가류의 일서들이 발견되었습니다. 여기에서 일서(逸書)란 첫째, 유실되었거나, 둘째, 사람들에게 전해지는 이름만 있고 실전하지 않았었던 글이거나 셋째, 원래 없던 것들인데, 어떤 시대의 문헌과 유사하거나 역사적인 배경을 지닌 글이 갑자기 발견되는 이런 문헌들 또한 일서라고 합니다. 원래는 편목 그러니까 제목만 있는 경우가 주를 이루었는데, 도가(道家)류 일서 중에서는 「항선」, 「팽조」가 있다고 강의했었습니다. 또, 음악사의 중요한 자료들도 출현했습니다.

이어서, 『용성씨』편에서 중요한 단어가 출현하면서 역사적인 사건들을 서로 이을 수 있었고 그리고 동일한 그런 내용을 가지고 있지만 다른 흐름을 가지고 있는 또 그런 죽서들을 발견할 수 있었습니다. 이어서 전국시대의 병서가 발견됐는데 그 중에 하나가 『조말지진』입니다. 또 『주역』, 『치의』, 『민지부모』, 『쟁공략』 등이 이에 해당합니다. 전래문헌과 출토문헌은 종종 다른 내용을 담고 있는 다른 판본이 발견되었습니다. 그래서 다른 내용들의 판본이 발견됐다는 것은 이것들이 각자 그 시대를 반영하는 다른 의미가 있으니 있는 그대로의 내용을 받아들일 필요가 있다고 하겠습니다.

전래문헌과 출토문헌은 내용이나 제목이 같거나 비슷할 수는 있지만 각 문헌을 꼼꼼히 비교해보면 그 내용이 완전히 일치하지 않고, 지역색을 나타내는 방언적 음운요소, 시대성을 보여주는 문법구조의 변형과 같은 전혀 다른 요소들이 보입니다. 우리가 잘 알고 있는 '노자(老子)'가 바로 그렇습니다. 전래문헌에서 대부분 해결되지 못했던 글의 내용적 부분과 오자(誤字)나 착자(錯字) 등 글자를 잘못 쓴 내용, 그리고 철학적인 내용을 잘못 이해했거나 이런 것들을 보충적으로 증명할 수 있는 혹은 그런 증거들을 발견했다고 볼 수 있을 것입니다. 우리에게는 고대문헌을 제대로 이해하는 기회가 생긴 셈입니다. 전래문헌의 내용을 보충하거나 또는 바꿀 수도 있을 텐데, 오늘날로부터 2천년 전에 쓰여진 그 경전들의 내용을 출토문헌 하나의 발견만으로 완전히 바꾼다는 것은 결코 쉬운 일이 아닙니다. 과거 많은 학자들이 연구를 해 두었기 때문에 일반적으로는 경서를 바꾼다기보다는 경서를 보충한다고 생각하고 접근하는 게 일반적인 접근방법입니다. 그런데 내용이 아예 없거나 새로운 출토문헌이 발견되었다면 역사적 사실이 확인되거나 바뀌기도 합니다. 이미 우리가 연구나 역사서의 전후 맥락, 여러 구전 전승들을 통해 알고는 있었지만 그 역사를 증명하는 실물이 발견되지 않았던 내용에 대한 증거가 죽간, 금문 등의 출토문헌으로 발견된다면 역사적 사실이 곧바로 입증되는 것입니다.

경서의 범위를 말씀드리자면 주로 유가에서 경전들입니다. 성경이라는 말처럼, '경(經)'이라는 것 자체는 인간의 중요한 역사적 사건들을 다룬 서적입니다. 즉 중국 역사에서 가장 핵심이 되는 문서들과 문헌들이고, 대개 송나라 때 지정이 됩니다.

13경은 삼경부터 이어지다가 6경에서 점차 늘어나 송나라에 이르러서는 13경으로 확장되고 정리되었습니다.[1]

---

[1] 이승률, 「초간의 종류와 내용」3, 『오늘의 동양사상』 23, 2012.12, 229-271.
이승률, 「초간의 종류와 내용」2, 『오늘의 동양사상』 21, 2010.4, 171-243.
이승률, 「초간의 종류와 내용」1, 『오늘의 동양사상』 20, 2009.10, 195-249.

경서의 분류

- 사서(四書):『논어(論語)』·『맹자(孟子)』·『중용(中庸)』·『대학(大學)』
- 삼경(三經):『시경(詩經)』·『서경(書經)』·『역경(易經: 주역이라고도 함)』의 총칭.
- 오경(五經):『시경(詩經)』·『서경(書經)』·『역경(易經)』·『예기(禮記)』·『춘추(春秋)』
- 삼례(三禮):『주례(周禮)』·『의례(儀禮)』·『예기(禮記)』의 세 책.
- 춘추삼전(春秋三傳):『춘추좌씨전(春秋左氏傳)』·『춘추공양전(春秋公羊傳)』·『춘추곡량전(春秋穀梁傳)』

Ⅱ.『청화간』과 상서류문헌

경서의 분류를 잠깐 살펴보자면, 사서(四書)는『논어』,『맹자』, 『중용』,『대학』이고, 이어 삼경(三經)은『시(詩)』,『서(書)』,『역(易)』 입니다. 오경은『시(詩)』,『서(書)』,『역(易)』,『예기(禮記)』,『춘추 (春秋)』이고, 삼례(三禮)는『주례(周禮)』·『의례(儀禮)』·『예기(禮記)』 입니다. 삼전(三傳)은 여러분도 잘 아시겠지만『춘추』에 대한 注 를 단 서적인『춘추좌씨전(春秋左氏傳)』『춘추공양전(春秋公羊傳)』 『춘추곡량전(春秋穀梁傳)』입니다. 삼전 중『춘추좌씨전』이 가장 일 반적으로 많이 읽히고 있습니다. 최근 중국에서는 공양전과 곡량

전이 원래는 같은 판본의 다른 명칭 즉 '이명(異名)'이라는 연구가
있었습니다. 내용상에서 좀 더 점검이 필요하겠지만 다른 판본의
동일한 문헌이었을 가능성은 배제하기 힘들다고 봅니다.

서	금문	위고문
虞書 (혹은 虞夏書)	堯典(舜典), 皐陶謨(益稷)	大禹謨
夏書	禹貢, 甘誓	五子之歌, 胤征
商書	湯誓, 盤庚上, 盤庚中, 盤庚下, 高宗肜日, 西伯戡黎, 微子	仲虺之誥, 湯誥, 伊訓, 太甲上, 太甲中, 太甲下, **咸有一德, 說命上, 說命中, 說命下**
周書	牧誓, 洪範, 金縢, 大誥, 康誥, 酒誥, 梓材, 召誥, 洛誥, 多士, 無逸, 君奭, 多方, 立政, 顧命(康王之誥), 費誓, 呂刑, 文侯之命, 秦誓	泰誓上, 泰誓中, 泰誓下, 武成, 旅獒, 微子之命, 蔡仲之命, 周官, 君陳, 畢命, 君牙, 冏命

　『상서(尙書)』는 옛날에는 원래 '서(書)'라고 했는데 훗날 '상(尙)'
자를 붙여서 '상서(尙書)'라고 불렀습니다. '상서(尙書)'의 뜻은 상
고시기 문서이자 '옛날 문서' 즉 '상고시기 국가의 공문서나 행정
문서'를 일반적으로 '상서(尙書)'라고 합니다. 행정 문서뿐만 아니
라 실제로 역사적인 내용들을 기록한 '역사서에 가까운 글'이라

고 할 수 있습니다. 그리고 정치적인 내용들이 많아서 훗날 '정치 교과서'로 여겨집니다. 특히 공자가 교육할 때, 『상서(尙書)』를 중시했다고 합니다. 공자는 상서에서 정치적인 부분 혹은 그 이전의 역사적인 부분까지 배울 수 있다고 생각해서 제자들한테 교과서로 사용했다는 것으로 알려지고 있습니다. 그러다 보니 상서를 누가 편집했느냐를 따진다면 공자께서 하셨다고 종종 언급됩니다. 서(書)라고 불리다가 상(尙)을 붙인 주인공도 물론 공자로 알려져 있습니다. '상(尙)'은 원래 '상(上)'이었다는 설도 있습니다. 이는 『상서정의』에서 정현(鄭鉉)이 이렇게 '공자'라고 설명하고 있습니다.[2] 또 출토본 중에서도 관련 내용이 출현하고 있습니다. 지난번에 우리 함께 백서를 배웠는데, 마왕퇴 백서에서도 역(易)의 내용을 담은 『요(要)』편이 있습니다. 그 『요(要)』편에서도 '서(書)'를 '상서(尙書)'라고 칭하고 있습니다.

1. 『상서』란 어떤 책일까

최초로 공자가 편집할 때의 『상서』는 10편이라고 합니다. 그러

---

2   정현(鄭鉉), 『상서정의』: "依『書』緯, 以'尙'字是孔子所加".

나 한나라 때까지 실제로 전해지는 역사서는 거의 존재하지 않는 상황이었습니다. 분서갱유 때문에 진나라가 중원을 장악했다고 해도 과언이 아닐 것입니다. 이에 협서율(挾書律)을 공포하고 민간인들이 책을 휴대할 수가 없도록 정책을 시행했습니다. 정치적 압박을 취함으로써 지방의 문서를 혹은 개인 소장의 문서들을 모두 거두어들이고 국가에서 이를 모두 불태웠습니다. 책을 개인이 소유할 수 없었기 때문에 사람들은 책을 모두 숨겨야만 했습니다. 진나라가 멸망하고 한나라에 이르자 협서율 당시 숨겨두었던 책들만 남아 중앙에 바쳐졌다는 내용의 기록이 종종 출현합니다. 한나라 해제(惠帝)가 되어서야 협서율(挾書律), 분서령(焚書令)이 모두 해제되었는데, 협서율의 해제로 숨겨진 책들도 슬슬 세상에 나옵니다. 따라서 한나라 초기에는 역사를 다시 바로 세워야 했기 때문에, 국가적으로 서적 정리 작업을 합니다. 한대(漢代)의 복생(伏生)이라는 서한(西漢)의 경학자는 전통적인 학습법인 암기로서 서적을 정리하는 토대를 만들어 준 사람입니다. 복생이 당시의 서적들을 암기하고 있었기 때문에, 구술(口述)로서 서적을 보존하는 작업에 공헌합니다. 복생의 기억을 토대로 필사를 하여 (예서(隷書)를 바탕으로 하는) 금문본(今文本) 상서 즉, 『금문상서(今文尚書)』를 만듭니다. 금문(今文)이라는 명칭은 현행본과 유사한 의미일 것입니다. 전해지는 옛 서책이 없었기 때문에 제작 당시 시점에서 만들어 낸 서책이라는 뜻으로 여기시면 될 겁니다.

주의할 점은 금문이란 한나라 당시의 현행본을 말한다는 것입니다. 한나라의 글씨체는 우리가 접해본 글씨체 중 백서로 마왕퇴에서 살펴보았던 바와 같이 '예서체(隸書體)'라고 할 수 있습니다. 그런데 예서는 글자체 상으로 볼 때 이전 시기의 글자와 이미 많이 달라져 있었습니다. 한나라 때는 예서를 썼지만 예서는 진나라에서 한나라 이행기에 진나라 지역에서 사용되기 시작한 글자였고, 오직 편의를 위해 하급관료들이 이른바 줄임 글자 형식으로 변형시키고 탄생한 글자였습니다. 그렇기 때문에 그 전 시기 글자와 완전히 일치하지 않았으며, 심지어 이전 글자와 완전히 달라진 글자도 있었습니다. 따라서 한나라 사람들은 이전 시대 즉, 전국시기 또는 서주시기에 죽간이나 금문에 새겨진 문자들을 완벽하게는 이해하지는 못하였습니다. 당시 문장을 필사한 사람들은 뛰어난 학자들이 암송한 내용을 기반으로 한나라의 금문인 예서체를 사용해서 『상서』를 만들었어요. 금문 상서에 고문 상서를 합한 것을 매색(梅賾)이라는 사람이 왕에게 바칩니다. 이러한 과정에서 『상서』의 진위에 대한 언쟁은 더욱 심화됩니다. 훗날 그 진위가 판명이 납니다. 이 중 많은 문장들의 진위에 대해 논쟁하면서 금문과 고문을 중심으로 학문적, 정치적으로 논쟁을 거치게 됩니다. 이 일련의 과정을 바로 금고문 논쟁이라고 부릅니다. 그 시기를 거친 현재 우리가 상서라고 알고 있는 이 판본은 금문상서 33편과 고문상서 25편을 모두 합친 판본입니다. 그리고 중간에 원래 59편이었는데 금문상서 중 한 편이 사라졌습니다. 현재는 58편이라고 전해지고 있습니다.

- 明代 매응조梅鷟作『尚書考異』의 연구가 있습니다.
- 淸代 염약거閻若璩著『尚書古文疏證』『古文尚書』와 孔安國 『尚書傳』은 위서기반의 글입니다. 이런 내용들은 지속적으로 토론 됩니다. 사실 상서에 대한 내용을 언급하는 것은 다소 정치적인 듯 합니다.
- 인한 군자가 백성을 다스리는 도(仁君治民之道)를 밝히고 있습니다. 춘추시기 어지러운 정치속에서 상서의 도를 통해 군자의 도를 찾고자 하였습니다.
- 인한 신하가 군자를 섬기는 도(明賢臣事君之道)를 밝히고 있습니다. 周동천 이후, 신하가 군주를 섬기는 일이 옛 이야기가 되어 사관이 『周書』에 옛 현신이 군주를 섬기는 도에 대해 글로 남겨 법도로 삼고자 하였습니다.

당시 모든 사람이 매색의 책을 주로 읽고 공부했기에 이 책이 중국 봉건사회의 정치 철학의 경전이라고 볼 수 있습니다. 정치는 지금도 중요합니다. 『상서』의 내용 중에 정치에 관한 내용들이 많

기 때문에, 『상서』는 귀족 자제들, 사대부들이 반드시 읽어야 하는 중요한 필독서였습니다. 이들은 『상서』를 통해 정치적인 방법이나 도리에 대해서 배우려고 했습니다. 중국 학술계에서는 고문 『상서』의 진위에 대한 논쟁이 있었습니다.

그래서 전통적으로 봤을 때는 이렇게 생각합니다. 현전하는 판본 중에 반반으로 나누어 (1) 『금문상서(今文尙書)』에서 『주서(周書)』의 『목서(牧誓)』부터 『여형(呂刑)』까지 16편은 서주(西周)시기의 사료(史料)라고 보고 있고, (2) 『문후지명(文侯之命)』, 『비서(費誓)』, 『진서(秦誓)』는 춘추시기 사료라고 보고 있습니다. 이어서 (3) 내용이 비교적 좀 이른 시기인 『요전(堯典)』, 『고도모(皋陶謨)』, 『우공(禹貢)』은 전국시기에 편입시킨 고사료(古史料)라고 보고 있습니다. 현행본 『위고문상서(僞古文尙書)』의 총체는 진대(晉代)의 매색(梅賾)이 위조한 것으로 보는데 이에 대해서는 여전히 논의 중입니다. 그리고 이 같은 진위 논란이 있지만 주석을 다는 방법을 활용하여 공영달(孔穎達)이 『상서정의(尙書正義)』를 펴냈습니다.

이후에도 진위 논란은 청나라의 염약거(閻若璩)까지 이어졌습니다. 저는 『상서』 연구자는 아니지만 출토문헌을 통해 관련 텍스트를 살피면서 진위에 대한 논란이 모든 시대에서 매우 중요하게 다루어지고 있다는 생각이 듭니다. 학문적으로 청나라를 '의고(疑

古)의 시대'라고 달리 표현할 수 있습니다. 옛 것을 들추어내어 그 진위에 대해 옳고 그름을 검증하기 때문입니다. 이에 청나라의 학자들은 옛날 서류, 경전, 역사서 이런 것들까지 하나하나 짜 맞추거나 또는 문제가 있었던 부분을 꺼내어 잘잘못을 따지고 토론합니다. 그런데 토론도 좋지만 문제는 끊임없이 의심만 한다는 것입니다. 이에 근대시기로 들어서면서 학자들이 자신만의 학문적 견해를 밝히기 시작합니다.

『청화간』을 편집한 이학근 선생님의 『의고의 시대를 걸어 나오며』 번역본이 출간되었습니다. 전문 서적으로 역사와 문헌, 특히 출토문헌을 공부하는데 도움이 되는 책입니다. 우리가 고문헌 공부를 하고 있는 이유에 대해 반성할 필요가 있다는 견해를 취하고 있습니다. 이 책은 80년대에 처음 출간된 책으로 알고 있습니다. 당시 큰 반향을 일으킨 중요한 책이었기 때문에 훗날 한국어로도 번역되었다고 알고 있습니다. 최근에 이학근 전집도 지속적으로 출간되고 있는데, 지금까지 그분의 연구 성과를 집대성하고자 청화대학교에서 엮은 결과물로 여겨집니다.

의고(擬古), 신고(信古), 석고(釋古)에 대한 견해는 오래전부터 지속적으로 토론되어 온 중국역사연구와 고문헌 연구자들의 큰 숨결이라고 보았습니다.

이런 진위 논란들을 넘어서 당시 진나라가 시행한 분서갱유, 협서율과 같은 사건들 때문에 결국은 민간인의 도서 소장이 금지되었고 '시(詩)'나 '서(書)' 같은 중요한 책들까지 한 때, 모두 자취를 감추게 되었습니다. 여러 개인 판본들은 대부분 후대에 만들었습니다. 당시 시대에는 서적 자체가 별로 없었다고 보이는데 그나마 정리된 서적들까지 모두 불태워 버렸으니 많은 역사서가 소실되었을 것이라고 추정됩니다. 이러한 상황에서 『고문상서』는 어디에서 발견된 어떤 책일까요. 서한 시기 공자가 살던 옛 집 옛 벽을 허물었는데 그곳에서 발견된 『상서』가 선진시기 육국문자(六國文字)를 사용하여 작성된 것임을 확인하게 됩니다. 이에 당시대 사람들은 이것들을 『고문상서』라고 부르게 됩니다.

이후 고문상서는 공안국(孔安國)에 의해서 정리되는데 편목이 금문상서보다 열여섯 편이 많았다고 합니다. 그리고 공안국이 『상서』 서문을 완성을 하는데 공안국은 그 서문에서 고문에 가까운 것들을 기본으로 정리했다고 서술해 두었습니다. 『상서』는 공안국의 『상서』 서문에 정리된 내용을 참고하여, 매색이 바친 59편을 재구성했을 것이라고 추정되고 있습니다. 서한에서 『상서』 판본은 금문본과 고문본을 이렇게 구분하고 있으며 고문본은 다양하게 있지만, 금문본은 복생본(伏生本) 하나입니다. 금문본으로 문헌을 정리할 당시 존재하지 않았던 경서나 역사서들이 고문본의 출현으로 차이가 생겨나 조절이 필요하였고, 여기서 약간의 난관이 있었던 것으로 보입니다. 지금 우리가 목도하는 출토본『청화간』과 상서류 전래문헌 간의 관계와 유사하다고 볼 수 있습니다.

2.『청화간』과 상서류 문헌은 어떤 관계가 있을까

학계에서는『청화간』의『상서』관련 내용들이『상서』의 초기 판본 또는 다른 하나의 판본이라고 간주하고 있습니다. 우리가 잘 아는『주역』또한 그랬습니다.『주역』은 주역의 전신으로 보이는 판본 또는 기존과 다른 판본이『상박』에서 발견되었습니다. 이 판본은『주역』이 완성된 동한 시기 이전, 한나라 이전 문헌의 내용들을 담고 있기 때문에 전국시기의 생생한 언어표현을 반영하고 있고, 적어도 그 지역의 사상을 반영하고 있다고 보여집니다.『청화간』이 전래본의 원시적인 요소들을 고스란히 담고 있기에,『청화간』과 전래본의 관계에서『청화간』이『상서』초기 판본이라 판단됩니다. 전설 속에서 말하는 이상적인 '서(書)'는 100편이며 공자가 제시한 편마다 순서가 있고,『사기』의「공자세가」에서도 공자가 '서(書)'를 수정했다고 말하고 있습니다. 그런데 근대 학자들

한자와 출토문헌

은 상서의 상서편목 자체가 전국시대 혹은 양한시대에 이루어진 것이라고 보고 있습니다. 그 시기를 나름의 논리로 증명하려 하지만 우리는 결코 정확하게는 모든 상황을 알 수 없습니다. 다시 생각해보면, 서주 금문에도 고문이 있었습니다. 다만 『우서』, 『하서』, 『상서』, 『주서』와 같은 이 편목들은 금문본에도 동시에 출현하고 있습니다.

이들은 위고문이라고 할 수 있으며, 위고문은 매색이 올린 책입니다. 그러나 매색이 고문으로 위조하여 조정에 올렸다 하더라도 진나라 전후이니 비록 위고문이지만 역사적 가치는 충분히 있습니다. 그 이유는 그 자료를 통해 그 당시 사람들의 생각을 알 수 있고 텍스트만을 대상으로 분석해도 고문헌에 해당하기 때문에 연구가치가 높다고 생각됩니다. 사람들마다 판단이 다르겠지만 위고문은 나름의 가치가 있습니다. 그래서 위고문 내에서도 많은 내용들이 있는데 최근 출토 문헌에서 발견된 것들 중에 위고문에 해당하는 것들이 있습니다. 『윤지(尹至)』簡1首에 "이윤은 하나라로부터 상나라 박(亳)으로 갔는데 저녁에 탕왕이있는 곳으로 도착했다."라는 문장이 있습니다. 『윤지』와 『윤고(尹誥)』는 쌍둥이 문헌으로 불리기도 하는데, 『윤고』의 "이윤은 이미 탕과 같은 덕을 가지고 있다(惟尹旣及湯咸有一德)"라고 말한 구문을 통해서 윤고는 위조되기 전의 『상서』·『함유일덕(咸有一德)』과 유사하다고 생각되며, 『열명』은 청화간의 『부열지명』편과 같다는 의견이 일반적입니다. 그리고 이것들은 청화간에 있는 편명 중 전래문헌에서 말하는 소위 위고문에 해당하는 내용입니다.

그럼 좀 더 구체적으로 위고문 상서와 청화간의 관계를 살펴보겠습니다. 이학근 선생님이 분류한 청화간 상서류 문장은 세 종류가 있습니다.

첫째, 전래문헌이 있는 것들 그러나 구문 차이가 있고 편제 또한 다르다. 예. 『금등(金縢)』·『강고(康誥)』·『고명(顧命)』

둘째, 전에 없던 일서류 또는 전래본에 있지만 후대인들이 위고문이라고 했던 것들이다. 예. 『부열지명(傅説之命)』(전래본 『열명(説命)』)

셋째, 『상서(尚書)』일편(佚篇). '명(命)'은 『상서(尚書)』의 문서 중 하나로 『봉허지명(封許之命)』은 주 왕조(周 王朝)가 허국(許國)을 분봉(分封)할 때의 내용이다. 예. 『후부(厚父)』·『봉허지명(封許之命)(봉건책문)

이학근의 이같은 분류를 보충 설명해 보면, 첫 번째로 전래문헌과 유사한 제목과 내용이 있는 문장들이 있지만 구문 차이가 너무 많이 차이가 나고 편제가 달라진 것들이 있습니다. 무엇보다 『금등』의 내용이 그러합니다. 『금등』은 전래본과 출토본 두 판본의 서사와 중심내용이 너무 달라 놀라실 겁니다. 『강고』, 『고명』과 같은 내용들도 전래본과 출토본의 유사한 내용들이 전해지고 있습니다.

두 번째로 언급된 내용으로 전에 없던 일서류 또는 전에 있었지만 후대인들이 위고문이라고 했던 편명의 대표적으로 『부열지명』 같은 경우가 있습니다. 우리가 생각했던 것보다 훨씬 그 내용이 길어서 일서류라고 생각하는 게 더 맞을 것 같습니다. 출토본을 발견하기 전에는 모두가 본 위고문이라고 여겼지만, 이제는 『열명』편을 완전히 위고문이라고 볼 수 없게 되었습니다.

『상서』를 편집할 때, 상서에 편입되지 못한 책들을 보통 『상서』의 일서(逸書)라고 합니다. 『상서』에서 버린 게 아니라, 『상서』와 내용적으로 동떨어졌기 때문에 일서로 둔 것들이 있습니다. 이 중에서 이름만 있는 그런 것들을 일서라고 하는데, 명류(命類)는 그 중 하나입니다. 최근 제가 연구하는 부분이 바로 명류(命類)에 해당하는 『봉허지명(封許之命)』입니다. 봉허지명은 주나라가 허국(許國)에 분봉할 때 내렸던 책명문(冊命文)이 포함된 문장이라고 볼 수 있습니다. 봉건례를 행할 때 읊었던 책명문이라고 보는데 이는 명류(命類)에 해당하고 서류(書類) 중에서 '명(命)'이라는 목록에 해당됩니다. 그래서 『후부』나 『봉허지명』 같은 내용들이 상서와 가장 가까운 내용이라고 보이고, 청동기 책문을 모방한 것으로 추정합니다.

Ⅲ. 실제분석의 예시: 『금등(金滕)』

이제 금등의 내용을 살펴보겠습니다. 보시다시피 이렇게 유사한 내용의 출토본과 전래본이 존재하지만 그 면모는 다르다고 하겠습니다. 금문을 보시면 금등에 한 인물이 고난을 겪고 이를 극복함으로써 유교적 성인이 탄생하는 그런 영웅 스토리입니다.

금등(金滕)	
한 인물이 고난을 겪고, 이를 극복함으로써 유교적 성인이 탄생하는 전형적인 영웅 소설의 스토리	
전래본	**출토본**
1. 무왕이 병에 걸리자 주공은 무왕을 대신하겠다는 취지를 하늘에 알리고 점을 친 후 자신의 기도문을 금등의궤에 넣고 보관한다. 그러자 **무왕의 병이 낫는다.**	1'. 무왕이 병에 걸리자 주공은 무왕을 대신하겠다는 취지를 하늘에 알리고 점을 친 후 자신의 기도문을 금등의궤에 넣고 보관하자 **무왕의 병이 낫는다.**

전래본	출토본
2. **무왕이 세상을 떠난 후** 관숙 등의 반란이 일어나자 주공이 동방 지역에 거하며 「鴟鴞」의 시를 지어 바쳐 성왕에게 충심을 증명하고자 한다.	2'. **무왕이 세상을 떠난 후** 관숙 등의 반란이 일어나자 주공이 동방 지역을 정벌하고 돌아와 성왕에게 보고하며 「鴟鴞」의 시를 지어 바친다.
3. 대풍과 대우에 의한 재해에 금등의궤를 열어 비로소 성왕이 **주공의 충심을 알게 된다.**	3'. 옛날 성왕이 어릴 적에 병이 나자 주공은 자신의 손톱을 잘라 황하에 가라앉히고, 기도한 뒤 기도문을 문서보관소에 보관하자 **성왕은 완쾌된다.**
	4'. 혹자가 주공을 참언하자 주공은 초나라로 망명하지만, 성왕이 문서보관소를 열어 주공의 기도문을 발견하고 주공을 귀국시킨다.
	5'. **주공이 죽은 뒤** 대풍과 대우에 의한 재해에 금등의궤를 열어 비로소 성왕이 주공의 충심을 알게 된다.

차이점: 2'. 伯禽에 대한 훈계 / 3'. 내용의 앞에는 낙읍경영등의 금등과는 관련이 없는 내용 / 5'. 금등의 책문을 발견하는 것이 주공 사후

　　표의 오른편이 출토본의 내용이고 왼편은 지금까지 우리가 전래본으로 보아왔던 『상서』의 내용입니다. 첫 사건으로 먼저 무왕이 병에 걸려 사망하는 사건이 있습니다. 주공(周公)은 무왕(武王)의 아들인 성왕(成王)을 도와서 일을 했던 사람입니다. 그런데 일반적으로 왕이 없는 상황에서 집권을 하게되면 그 정권을 찬탈하

기 마련인데, 주공은 그렇게 하지 않고 의리를 지켜서 무왕의 아들에게 왕의 자리를 물려주었다는 것이 주공을 기리는 가장 큰 핵심입니다.

또, 그가 왕위에 욕심부리지 않았다고 하는데, 이런 주공을 믿어야 하느냐 믿지 않아야 하느냐가 사건의 또 다른 화두입니다. 그런데 출토본에서는 예상치 못한 일이 발생한 겁니다. 주공이 무왕을 대신해서 점을 치고 무왕이 병이 나고 곧바로 서거합니다.

전래본에서는 역사적으로 무왕이 조금 더 빨리 사망하는 내용이 출현합니다. 이어 관숙이 난을 일으키고 주공이 나서서 전쟁에 참여합니다. 출정 나간 지역에 있으면서 무왕의 아들 성왕에게 충심을 맹세하고 이를 증명하고자 합니다. 이어서 큰 바람[大風]과 큰 비[大雨]에 의한 재해(災害)에 금등의 기회를 열어서 비로소 성왕이 주공의 충심(忠心)을 알게 됩니다. 이 내용이 바로 전래본 즉, 우리가 알고 있는 현행본의 내용입니다.

그런데 반전이 있습니다. 『청화간』이 정리되어 공개되었는데, 내용이 완전 달랐기 때문에 대부분의 연구자들은 몹시 당황하고 놀랐습니다. 『청화간』 내용에서는 전래본과 다르게 주공이 사망하는데, 사망한 이후 주공의 충심을 성왕이 알게 된다는 내용입니다. 내용상에서 좀 더 극적인 효과를 누리고 있는데, 스토리적으로도 더 맞는 것 같습니다. 그래서 청화간이 발표된 이후 처음에는 많은 학자들이 출토본 「금등」의 스토리가 맞지 않을 수도 있다고 여겼습니다. 글의 편폭도 전래본 보다 깁니다. 글의 중간에 무왕이 세상을 떠난 후에 관숙이 반란을 일으키는 부분에서 성왕께 시를 바치는데, 이때 어떻게 하라는 백금에 대해 훈계하는 내용도 추가되어 있습니다. 표의 3번에 보이는 바와 같이 성왕이 병이 나고 자기 손톱을 잘라서 황하에 가라앉히고 기도합니다. 기도문을 문서 보관소에 보관하니 성왕이 완쾌되었다는 내용이 있어요. 이런 일련의 내용들을 둘러봤을 때, 여기에서 「금문」과 관련이 없는 글들이 보입니다. 지역의 관리와 경영에 대한 내용이 그것입니다. 그 읍을 어떻게 관리하고 경영한다는 내용들이 출현하고 있어서 출토문헌에는 전래문헌과 다른 내용들이 섞여 있다는 것을 알 수 있습니다. 이 문장이 바로 출토본 「금등」의 내용입니다. 우리가 가지고 있던 전래본 『상서』 체계의 내용과 출토본 내용이 다르고 이런 점에서는 「금등」의 내용이 다르다는 사실을 알 수 있습니다. 아울러 「금등」 제목 역시 좀 다르게 적혀있습니다. 『청화간』에 실린 내용을 「금등」으로 보는 이유는 전래본과 내용이 비슷해서입니다. 하지만 여전히 기존의 전래문헌이나 역사로 채워지는 부분이 있어서 개인적으로 흥미로운 부분이라고 여겨집니다.

제6장

출토문헌과 경서
- 제자서류

Ⅰ. 시작하며

앞의 5장까지 우리는 출토문헌의 개략적인 연구현황과 출토지에 대해 알아보았습니다. 그리고 마왕퇴, 곽점을 함께 알아보면서 청화간 상박간에 대해서도 이야기 나누었습니다. 이어서 청화간에서 보이는 상서류 문헌에 대해서 공부했습니다. 이번 장에서는 제자서류에 대해서 알아보겠습니다.

Ⅱ. 제자서류

송나라 때 완성된 13경을 중심으로 우리는 오늘날 출토되고 있는 문헌들을 완성시키기 위해 노력합니다. 그리고 문헌을 통해 역사서에서 누락된 부분들을 찾아내면서 그 단서를 모색하기도 합니다. 경서를 이해하는 것도 중요하기 때문에 앞선 장에서 『상서』에 대해서 알아보았습니다. 간단히 정리하면, 『상서』란 상고시대 제왕의 교과서로 내용은 '군신(君臣)의 도(道)'에 관한 책입니다.

과거로부터 금고문 논쟁이라고 일컬어지는 문헌의 진위에 대한 논쟁이 있었습니다. 이 논쟁은 역사상 지속적으로 이루어졌고 청나라 때까지 진행되던 논쟁이었는데, 이른바 출토본 상서류 문장들에 대한 논의 또한 과거의 이런 논쟁과 무관하지 않아고 여겨집니다.

예를 들어 최근 『청화간』이 출토되면서 우리가 위서라고 여기는 많은 자료들이 『청화간』에 기술되어 있는 것을 확인하게 되었습니다. 『청화간』의 출현은 위서라고 규정지었던 문헌들에 대해 우리가 다시 고민해 보아야 함을 상기시켜 주었습니다. 『청화간』은 이학근 선생님의 분류와 정리작업을 통해 세상에 나오게 되었습니다. 청화간 『상서』에는 세 종류가 있습니다. 먼저 우리가 가지고 있던 경서이고, 다음은, 예전에는 없던 문장이지만 고문이라고 했습니다. 마지막으로는 일서류 『상서』로 분류되는 『일주서』에 포함되어 있는 전래문헌으로 이미 우리 전래문헌 속에 존재하지만 상서에는 포함되지 못했던 문장들로 청화간에 정리된 출토문헌들입니다. 대표적인 예로 「금등」, 「윤지」, 「윤고」, 「부열지명」, 「봉허지명」을 순서대로 살펴보았습니다.

오늘은 지난 시간에 진행한 글자의 실제 분석을 다시 점검하겠습니다. 먼저 『설문(說文)』의 육서(六書)와 한자 분석의 용어들을 공부하고, 예정(隸定)에 대해 공부하겠습니다. 또 제자서(諸子書)류 책을 살펴볼까합니다.

1. 한자 분석의 필수적 개념들

우리가 지금 다룰 내용은 아래의 세 가지입니다. 첫 번째는 한자 분석의 기본 개념, 두 번째는 출토문헌과 제자서들에 대해서 내용, 세 번째는 글자를 연습하고 실제로 분석을 해보는 것입니다.

실제 한자 분석은 '형(形)·음(音)·의(義)' 전체를 분석해야 합니다. 짧은 시간의 연구와 학습, 또는 분석으로는 접근이 힘들다고 할 수 있습니다. 우리는 형·음·의 세 가지 분석요소 중에서 문자적 접근에서 가장 기본요소라고 여겨지는 자형을 중심으로 분석해 보겠습니다.

의미 분석은 여러분이 자전을 찾아 대조 분석하면 됩니다. 여러분 스스로도 방법만 익히면 의미 분석은 할 수 있는데 자형 분석과 편방 분석에 대해서는 방법론에 대한 연습이 필요하지 않을까 싶어서 자형중심의 분석을 시도해 보겠습니다. 특히 소리 분석은 전공자가 아니면 조금 힘들 수도 있습니다. 하지만 소리 분석도 기본적인 분석은 할 수 있습니다. 기본 분석은 자음·모음의 상관관계 분석인데, 그것까지 분석해 보겠습니다.

한자의 문장구조인 육서(六書) 중에 상형(象形), 지사(指事), 회의(會意), 형성(形聲)은 한자의 구조와 관련된 것들입니다. 이 중 상형

(象形)은 모습을 본 뜬 것이고, 지사(指事)는 추상적인 의미에 대해서 어떤 기호로 표시하는 것이고, 이어서 회의(會意)는 '1+1'의 구조에도 결국은 새로운 의미를 만들어낸다는 구조와 의미를 말합니다. 형성(形聲)은 소리 부분, 의미 부분이 편방을 나누어 가지는 글자들을 말합니다. 육서 방법 중 나머지 두 가지는 글자의 자형을 어떻게 활용하는지에 대한 방법적인 분류이며, '글자 간의 사용 관계로서 만들어지는 구조(用字之法)'를 말합니다.

첫째는 '가차(假借)'입니다. 소리에 기준이 있는 분석법입니다. 원래 의미의 글자를 다른 의미로 빌려주고 원래 의미의 글자가 없으면 또 다른 글자에서 빌려오는 방식으로 문제를 해결하는 방법입니다. 그래서 가차는 본래 의미가 없는 것도 있고 본래 글자가 있지만 다른 글자로 파생된 것도 있어서 자세히 살펴봐야되는 복잡한 소리 기반의 글자 차용관계라고 할 수 있습니다. 가차는 우리 일상 속에서도 보편적으로 사용되고 있습니다. 그러나 현대한자의 경우 가차를 통해서 소리를 나타내지 않고 형성의 방법으로 한자를 나타냅니다. 가차를 물론 사용하기도 합니다. 발음 기호처럼 글자나 편방의 일부를 사용하기도 합니다. 그렇다고 해서 글자 자체를 바꾸진 않습니다. 대부분 소리 편방을 가지는 한자를 형성자라고 합니다. 본래 글자가 없어서 소리가 비슷한 글자나 편방으로 빌려와서 사용하는 것을 '가차'라고 합니다. 포인트는 가차는 일종의 현상으로 이해해야 한다는 점입니다.

둘째, '전주(轉注)'입니다. 전주는 소리부가 가지는 의미기능이라고 볼 수 있습니다. 동원관계를 가진 동일자형 또는 동일편방을 두 개의 글자가 공유하고 사용하는 현상이며, 이와 동시에 글자를 서로 바꾸어서 사용이 가능한 관계가 전주입니다. 전주는 '노/고(老/考)'의 갑골문 자형이 동일합니다.

2. 한자 분석의 간단한 개념 정의

그러면 한자 분석에 관련된 개념에 대해서 살펴 보겠습니다. 한자 분석은 주로 두 가지 방향으로 개념화 할 수 있습니다.

앞에서 살펴본 바와 같이 글자가 문장에서 어떻게 사용되었는지에 대한 개념과 글자 사이에 형성된 관계에 따른 개념입니다.

따라서 한자분석에서 관계는 사실상 고·금자(古·今字)란 만약 두 개의 글자가 있다면 하나는 옛날에 사용하던 글자 즉 고자(古字)이고, 하나는 현재 시점에서 또는 고자 사용 이후에 생겨난 글자를 금자(今字)라고 말합니다.

이체자(異體字)는 하나 글자가 동일한 의미의 동일구조의 여러 변체를 가지고 있을 때, 그중에 한 글자로 통일하여 정자(正字)라고 부르고 통용하는데 그 나머지 글자들을 이체자라고 합니다. 본자(本字)라는 것은 어떤 의미가 원래 맨 처음 사용했던 글자를 말합니다.

독체자(獨體字)는 편방 하나, 글자 하나만 있어도 의미가 통하는데 구조 분리가 불가능한 글자를 말합니다. 합체자(合體字)는 구조 분리가 가능한 것을 말하는 것으로 하나의 독체와 또 다른 독체가 결합된 것을 말합니다.

중문(重文)은 글자의 반복인데 중문 부호를 종종 사용하여 표시하며 일반적으로 출토문헌에서 종종 출현합니다. 중문부호에 대한 별도의 논문이 있을 만큼 그 사용방법과 의미에 대해서 유념해야 합니다.

통가자(通假字)는 두 개 또는 어떤 소리에 대해 여러 글자가 서로 바꿔 쓰는 쓸 수 있는 글자들 간의 관계를 말하는 것입니다. 통용자(通用字)는 서로 상호 교체로 사용할 수 있는 글자들을 말합니다. 두 글자가 한 문헌에서 한 글자로 통용되기도 하고, 같은 시기의 다른 문헌이나 다른 시기의 문헌에서도 통용되는 글자군을 말하는데, 통용자는 기준이 다양하다는 점에서 통가자 보다 광범위한 개념입니다. 통용자는 전래문헌과 출토문헌을 아우르며, 또는 소리만 한정하는 통가자가 아니라 소리와 의미, 활용을 아우르는

한자와 출토문헌

범위로 관계를 살펴야 합니다.

::: 정리

정리

- 고금자(古今字)-옛 글자와 현재의 글자(매우 상대적임)
- 이체자(異體字)-다른 자형
- 본자(本字)-글자의 최초 자형(소리만 있다면 해당하는 자형)
- 독체자(獨體字)-자형 하나로 이루어져 구조적 분리불가!
- 합체자(合體字)-독체와 독체로 이루어져 두 개의 독체구조적 분리가능!
- 중문(重文)-글자의 반복
- 통가자(通假字)-소리를 차용하여 서로 바꾸어 쓸 수 있는 것
- 통용자(通用字)-문헌(고문헌이든 출토문헌이든)내에서 상호 교체하여 사용할 수 있는 것

:::

Ⅲ. 출토문헌과 제자서들

우리는 『시경』을 거론하면서 『시경』과 관련된 출토문헌들과 앞으로 출토 정리될 가능성이 있는 문헌의 출현에 대해 언급했습니다. 막상 출토문헌을 보면, 어떻게 이 문헌을 분석할 지 매우 막막하게 느껴집니다. 일단 글자도 모르겠고, 글자를 모르니 문헌의 성격도 모르고, 분류 또한 어렵습니다.

그러면 어떻게 문헌을 읽어내야 할까요?

출토문헌의 글자를 읽어내는 것이 급선무입니다. 이전에 진행된 연구가 있다면 참고를 해야 하고, 내용이 맞든 틀리든 글자에 대해서 여러 자료를 참고해서 먼저 자신의 견해를 확립해야 합니다. 문헌의 내용은 주로 큰 범주에서 전적류, 문서류, 복사제도류 이렇게 세 가지 종류로 나누어서 내용을 분류해 봅니다.[1] 그리고 이어서 문자 개념을 이해하고, 마지막으로 소리요소, 문자요소를 분류해서 분석했다면, 마지막으로 의미를 종합적으로 분석하고 관련 내용을 용례로 찾아보시면서 정리해봅니다.

문자를 읽어내고 의미를 분석할 때, 『설문해자』(약칭 『설문』)는 매우 기본이 되는 중요한 자전입니다. 『설문』은 소전을 수집하고 소리와 의미를 부수를 세워서 정리했다는 점에서 가장 의미있는 자료입니다. 또 주의할 개념으로 예정이 있습니다. 예정의 의미는 우리가 고문자 공부에서 가장 기본적으로 알아야할 개념으로 글자확정의 개념을 말합니다.

우선 『시경』부터 살펴보겠습니다. 『시경』에 제자와 공자가 대화하는 내용이 있는데 『시경』에 대해 품평하는 내용입니다. 우리

---

1   본 연구자의 박사논문을 기준으로 분류해 보았습니다. 물론 진위 선생님의 초간책개론을 참고하여 살피면 더욱 도움이 됩니다. 진위(陳偉), 『초간책개론(楚簡冊槪論)』, 호북: 장강출판사, 2012.

한자와 출토문헌

요약

『上博一·孔子詩論』: 공자제자와 공자가 『詩』의 내용을 기록하고 그 중 일부 내용은 이전기록에 없는 것으로 『國風』·『小雅』·『大雅』·『頌』를 정리 하였다.

『上博四·逸詩』「交交鳴」「多薪」의 비유: 성품-若玉若英, 두려움-若虎若豹, 서로 좋음-偕華偕英.

『上博七·凡物流形』:『楚辭·天問』과 비슷한 체제와 문체이다.

『上博八·鶡鶉』과 관련된 문장:『爾雅·釋鳥』: "鳥少美長醜為鶡鶉." 『洪武正韻·入聲·質韻』: "鶉, 鶡鶉, 黃鵬."

가 지난 시간에 살펴본 부분은 '공자(孔子)'라는 글자 때문에 제가 일부분을 올린 것인데, 만약 토론해야 된다면 『시경』 내용을 모두 살펴야 할 것 같아서 글자 중심으로 분석하다 보니 문장의 시작 부분만 살짝 언급했습니다. 『일시(逸詩)』라는 편이 출현합니다. 『일시(逸詩)』에는 두 수의 시가 실려 있습니다. 시에 대해 평하고 감상을 표현하는 방법에는 여러 가지 방법이 있습니다. 서로의 성품, 두려움에 대한 표현, 서로 좋다는 표현 등이 매우 생동감 있다고 평가받고 있습니다. 『일시(逸詩)』라는 것은 시경에서 제외되어 수록되지 않은 것입니다. 제목만 있는 것도 있습니다. 『상박7』에는 「법물유형(凡物流形)」이라는 편이 있습니다. 이 편은 초사의 천문(天問)하고 비슷한 체제의 시라고 할 수 있습니다. 학계에서는 이 글이 초사(楚辭)의 초기적인 형태일 가능성에 대해 토론하기도 했습니다.

'새'를 나타내는 글자 鷗鶒가 있습니다. 『시경』에 종종 한 글자로 분리되거나 순서를 바꾸어 등장하며 두 글자로는 등장하지 않습니다. 이 새를 조류에 대한 현대적 명칭으로 추정해보면 '매', '올빼미' 정도 될 것 같습니다. 그에 대한 시가 있습니다. 『상박8』에도 발견이 돼서 연구가 진행되었습니다. 『시경』 관련된 내용들은 『안휘간』에서도 출현하고 있는데 죽간편에 실린 『시경』 관련된 내용들은 나름대로 연구가 진행되고 있습니다. 그럼 실제로 어떻게 쓰이고 있는지 살펴보겠습니다.

1. 「공자시론(孔子詩論)」 제1장

『공자시론(孔子詩論)』 제1장입니다. 한 번 풀이해 보면, "만약 이것에 따라 행할 수 있다면 어찌 천하가 왕의 것이 아닐 수 있겠습니까"라고 합니다. 이어서 공자께서는 "시(詩)는 숨김이 없으나

한자와 출토문헌

〔□□□□□□□□□□□□〕行此者, 丌(其)有不王虗(乎) ▆ ? 孔=(孔子)曰:「䛊(詩) 亡(無)隱(隱)志, 樂亡(無)隱𨼤(隱)情, 文亡(無)隱(隱)意. 」……【一】【缺簡】

〔□□□□□□□□□□□□□□□□□□□□□□〕寺也, 文王受命矣▆.

만약 이것에 따라 행할 수 있다면 어찌 천하가 왕의 것이 아닐 수 있겠습니까? 공자께서 "시는 숨김이 없으나 마음의 뜻을 내보이지 않고, 음악은 숨김이 없으나 감정을 내보지 않고, 글은 숨김이 없으나 뜻을 내보이지 않는다." 고 말씀하시니
… "시이다. 문왕께서 천명을 받았다"

마음의 뜻을 내보이지 않고, 음악(音樂)은 숨김이 없으나 감정을 내보이지 않고 글[文]은 숨김이 없으나 뜻을 내보이지 않는다고 말씀하시니..." 이후에는 글자가 누락되어 있습니다. 이어서 "~시(詩)이다. 문왕(文王)께서 천명(天命)을 받았다."는 내용으로 한 구절이 마무리 됩니다. 죽간의 한 부분이 모두 누락되어 있기 때문에 그 의미를 정확하게 알 수는 없습니다. 그래서 일단 우리가 알수 있는 만큼만 알도록 하자고 하는 것이 기본적인 죽간 연구자들의 태도입니다. 이런 빈 내용을 채우고자 노력하시는 연구자분들도 있습니다. 학문적으로 경학, 사학 등 폭넓게 연구하시는 분들과 연륜이 있으시고 연구를 많이 하신 전문연구자분들은 이 부분

을 전래문헌과 금문, 출토문헌 등을 대조하여 제언을 합니다. 다만 저는 개인적으로 일단 아는 만큼만 공부하자는 입장입니다.

글자들은 먼저 우리가 아는 한자만 읽어내도록 하고, 이어서 해서로는 전혀 읽어내기 어려운 글자들이 어떤 글자인지 알아내도록 단서들과 관련 연구자들의 내용을 참고해서 글자를 찾아 볼 수 있습니다.

앞의 첫 구문, '행지호'에서 '호'의 경우는 소리만을 사용하는 초나라 죽간에서 가장 전형적인 초계에 해당하는 글자입니다. 이 글자의 소리부는 '호'이고 '호랑의 호(虎)'의 상부편방에 동일한 편방이 바로 소리부 입니다. 좀 특이한 글자는 '공자(孔子)'를 나타내는 글자를 보시면 자형의 일부분이 아들 자(子)이고 오른쪽에 있는 편방을 더하여 공(孔)이라는 글자가 되었습니다. 즉 한 글자로 두 글자를 합하여 표현한 합문(合文)이라고 볼 수 있습니다. 합문을 나타내는 표현은 이렇게 두 개의 줄, '='로 표현합니다. 중문(重文), 합문(合文)은 모두 이렇게 두 개의 줄로 표현하는데 문장 내에서 어떤 것이 중문이고 어떤 것이 합문인지 알 수 있을까요? 그래서 우리는 항상 예문을 통해서 문장 속에서는 어떻게 사용되고 있는지 확인해 보아야 합니다. 그러면 이어서 글자를 구체적으로 분석해 보겠습니다.

한자와 출토문헌

2. '은(隱)'의 가차자 '린(鄰)'

은(隱)의 자형변화

十鐘 戰國.秦	陶彙5.370 戰國.秦	說文·阜部	睡虎地簡 18.157(隸) 秦	睡虎地簡 38.126(隸) 秦
老子乙前150 上(隸) 西漢	定縣竹簡 37(隸) 西漢	武威簡.士相 見14(隸) 西漢	郙閣頌(隸) 東漢	曹全碑(隸) 東漢

린(鄰)의 자형변화

中山王壺 (金) 戰國晚期.晉	郭.老甲.9 戰國.楚	說文·邑部	睡.日乙 21(隸) 秦	老子甲後 254(隸) 西漢
縱橫家書 158(隸) 西漢	熹.易.謙(隸) 東漢	譙敏碑(隸) 東漢	北海相景君銘 (隸) 東漢	

'은隱(隱)'자는 과거연구에서 '린(鄰)'자로 예정해 내기도 했습니다. 최근 연구에서 거의 대부분의 학자들이 이 글자를 '은'이라고 보고 있고, 소리를 가차해서 썼다는 것이 핵심 근거라고 봅니다. 오른쪽 편방부분은 '문(文)'자와 닮은 형태이고 상부 편방은 동그라미 두 개가 있는데 고문자에서는 이 상부편방을 '린(lin)'이라는 발음으로 읽습니다. 가차의 상황으로 살펴보면, '은隱(隱)'이라는 글자는 하부 편방이 마음 심(心)이고 왼쪽편방은 언덕 '부(阜)'로, '은'과 유사한 소리 'lin'에 해당하므로, 'lin'의 소리를 빌렸다고 생각할 수 있습니다. 고문자에서는 의미가 아닌 소리를 근거로 글자를 빌려옵니다. 그러나 저의 생각으로는 언어학적 관점에서는 하나의 소리가 결국 어떤 총체적인 의미를 가지고 있을 것이라고 보기 때문에 소리만 빌렸던 상황이 뜻하는 것은 결국 소리와 의미가 관련이 있어보이는 정황이라 하겠습니다. 편방 문(文)이 사실 생각보다 특이합니다. 문(文)은 이 글자에서 입 구(口)자를 동반합니다. 그래서 '입 구(口)'자가 달린 文을 합문(合文)으로 봐야 되는지 고민되지만, 일반적으로 두 개의 입 구(口) 형상과 문(文)을 따르는 글자를 '린lin'으로 읽습니다.

'야(也)'자 같은 경우는 특이합니다. '야(也)'는 두 가지 계통의 자형이 있습니다. 하나는 꼬리가 없고, 다른 하나는 꼬리가 있는 모양

입니다. 꼬리가 약간 바깥으로 흐르는 모양이 있는데 자형의 모양
을 살펴 보시면 재미있는 부분이 있습니다. 그리고 다른 글자들은
일반적인 초죽간(楚竹簡)의 비교적 전형적인 자형인 것 같습니다.

意『說文』: "意, 志也. 从心察言而知意也. 从心, 从音."

의(意) 자형변화

十鐘 戰國.秦	說文·心部	睡.法29(隸) 秦	老子甲96(隸) 西漢	孫臏31(隸) 西漢
定縣竹簡35(隸) 西漢	孔龢碑(隸) 東漢	熹.春秋.昭十四 年(隸) 東漢		

時『說文』: "時, 四時也. 从日, 寺聲. 㫦, 古文時, 从之、日.

시(時) 자형변화

石鼓文.吾車春 秋晚期或戰國 早期.秦	中山王■壺(金) 戰國晚期晉	璽彙4343 戰國.晉	包2.137反 戰國.楚	郭.五.27 戰國.楚

郭.太.2 戰國.楚	說文古文	說文·日部	睡虎地簡 10.5(隷)秦	禮器碑側(隷) 東漢
張遷碑(隷) 東漢				

志『說文』: "志, 意也. 从心, 之聲."

지(志) 자형변화

中山王譽壺(金) 戰國晚期.晉	璽彙4519 戰國	包2.182 戰國.楚	郭.語1.48 戰國.楚	青川陶釜 戰國.秦
說文·心部	睡.雜28(隷)秦	老子甲後 176(隷)西漢	縱橫家書 209(隷)西漢	武威簡.服傳 13(隷)西漢
武威醫簡85乙 (隷)東漢	曹全碑(隷) 東漢	晉辟雍碑陰(隷) 西晉		

'의(意)'자, '시(時)'자도 사실 '음(音)'자와 비슷합니다. 그런데

한자와 출토문헌

'시(時)'자는 이렇게 '일(日)'자가 있기 때문에 '시(時)'자로 볼 수 있습니다.

3. 합문(合文)

孔子

君子

孝

附錄一 合文

之志 之時 箸者 莅臣 者又 寺之 三十 古之 坐之

출토문헌에서는 '군자(君子)'의 합문이 많습니다. 그래서 '군(君)'의 상부편방은 '윤(尹)'입니다. '윤(尹)' 아래 편방에 '아들 자(子)'를 쓰면 '군자(君子)'가 되는데 '날 일(日)'자에 필획을 길게 늘어뜨린 모양입니다. 죽간본 출토문헌을 통해서 당시 합문으로 두 개의 글자를 한 번에 쓸 수 있다는 사실을 확인할 수 있었습니다. '군자(君子)'의 입 구(口)편방을 생략하거나 또는 입 구(口)편방을 생략하지 않고도 함께 이렇게 쓰는 거죠. 합문의 다른 예로, '之 (지)' 편방과 함께 쓴 여러 예시들이 있습니다. '之(지)'를 넣어서 합 문을 만드는 경우도 있습니다. 뜻 '志(지)'자도 상부편방이 '之(지)' 와 편방이 같아요. 이 편방이기 때문에 겸해서 쓰는 거죠. '之時(지 시)'도 마찬가지로 합해서 쓰는 경우가 있습니다. '공자(孔子)'를 합 문으로 쓰는 경우가 다수이기 때문에 그 자형을 익혀주시면 도움 이 될 것 같습니다. '卜(복)'자처럼 쓰기도 하고 보시면 글자를 쓰 다 만 것처럼 쓰기도 합니다.

이제까지 「공자시론(孔子詩論)」의 자료를 잠깐 보았는데 글자를 고석할 때는 실제 내용을 다루어야 하고 훨씬 더 복잡하고 경전들 을 많이 참고하고 전래문헌의 내용들에 주의해야 합니다. '무은(亡 (無)隱(隱))'은 하나의 의미로 보고 '숨기지 않는다'를 뜻하며, '드러 난다'의 의미로도 볼 수 있습니다. '신은 뜻을 드러낸다', '마음의 뜻 을 내보이지 않는다'로 여기고 '숨김이 없다'를 뜻한다고 볼 수 있 습니다. "시는 숨김이 없으나 마음은 뜻을 내보이지 않고, 시는 숨 김이 없으나 감정을 완전히 내보이지 않고, 글은 숨김이 없으나 감정은 잘 내보이지 않는다"와 같이 정제된 내용을 서술했습니다. 그래서 글도 마찬가지고 '글 자체는 숨김이 없는데 뜻은 내보이지 않는다'는 이분법적인 논리로 서술하고 있습니다. 다른 예문들을 찾아봐야겠지만 이어지는 문장에서 함께 좀 더 고민해 보겠습니다.

제7장

한자의 여러 서체들

Ⅰ. 시작하며

　6장에서 우리는 출토문헌의 실제 분석과 함께 문자학 기초개념에 대해서 간단하게 정리하고 공부했습니다. 7장에서는 한자의 여러 서체에 대해서 토론해 볼까합니다. 본 장에서도 출토문헌의 내용을 중심으로 갑골문, 금문, 전국문자에서 주로 활용되는 서체를 중심으로 살펴보겠습니다.

Ⅱ. 한자서체

　오늘 공부할 주요 내용은 바로 서체입니다.

　서체 중에서 갑골문, 금문은 이전 강의에서 정리한 바 있습니다. 죽간문은 전국시대에서 서한 초 가장 중심이 되는 출토문헌입니다. 현재 발굴되는 것들 중에서 백서본보다는 죽간본이 많습니다.

　이 사이에 출현한 글자들이 전서(篆書)와 예서(隷書)인데 전서에는 대전(大篆), 주문(籒文), 소전(小篆)이 있습니다. 소전은 말씀드렸듯이 통일 진나라에서 사용했던 국가의 서체입니다. 소전(小篆)과 대조적으로 사용한 것이 대전(大篆)입니다. 그런데 대전은 너무 많은 서체들이 섞여 있습니다. 과도기적인 그룹도 많았고 영향도 받았습니다. 그러다 보니 서체가 지나치게 섞였다는 인상이 있습니다. 주문 같은 경우는 보통 금문을 떠올릴 수도 있는데 역사적으로 글자의 근원을 말할 때는 태사 주(太史籀)라는 사람 혹은 그 태사(太史)라는 직책의 사람들이 몇 편의 글을 지었고 사람들에게 전해지게 된 글자체가 주문입니다. 그래서 주문(籀文)은 특징이 분명하고 문헌에도 기록되어있기 때문에 웅장하고 엄중한 느낌의 글자체라고 평가됩니다. 주문은 보통 대전과 가깝고 특히 규격화돼 있다는 인상을 가지고 있어서 대전과 소전은 대비되는 개념으로 볼 수 있다면, 주문은 그런 것과 달리 정련된 글씨를 말합니다. 우리가 대전(大篆)과 주문(籀文)을 함께 다루기는 하지만 다른 문체로 보아야합니다. 이 두 글자체가 확실하게 1 대 1 대응되는 것은 아니기 때문입니다.

- 하나라. 상나라. 주나라: 갑골문
- 상나라. 주나라. 이후도 약간: 금문
- 전국시대~서한 초: 죽간문, 백서문·해서·행서·초서
  - 전서(대전=주문籀文, 소전)
  - 예서(고례, 진례, 한례=팔분)

한자와 출토문헌

예서(隸書) 같은 경우, 고례(古隸)는 지금 우리가 알고 있는 진나라 또는 한나라 초기의 글자체입니다. 그런 예서의 가장 원시적인 형태들, 전반적으로 두루뭉수하게 말할 때 일반적으로 고례라고 하고, 진나라를 짚어서 말할 때는 진례(秦隸)라고 말합니다. 한례(漢隸)는 팔분(八分)과 동일한 글자체인데, 시대를 중심으로 칭하면 한례(漢隸), 글자체를 중심으로 칭하면 팔분(八分)이라고 하며 한대의 예서를 말합니다.

이어서 해서(楷書), 행서(行書), 초서(草書)가 있는데 초서는 전문적으로 공부하시는 분이 워낙 많기 때문에 기본 내용만 강의하겠습니다.

글자체와 관련된 서적과 관련 개념서적으로는 『설문해자』, '공자벽중서(孔子壁中書)', 『급총죽서(汲冢竹書)』, 『한간(汗簡)』 등을 들 수 있습니다.

첫째, 『설문해자』는 바로 '소전'과 관련됩니다. 『설문해자』 글자의 의미 해설부분 상부에 써있는 글자, 즉 표제자가 바로 소전체입니다. 소전체를 대표자로 두고 써내려가는 방식이 설문해자의 서술 방식이라고 할 수 있습니다. 소전체를 비석에 담은 경우도 있습니다. 전서체(篆體)를 조선이나 조선 사회에서 또는 현대의 한국 사회에서는 소전을 일반적인 전서체(篆體)라고 간주합니다. 따라서 소전체는 전서체의 기본 글자체라고 할 수 있습니다. 조선시대 글자체에 통달했던 허목이 모아둔 자형들인데 그 근간을 살펴보면, 소전체를 전서체로 보고 있습니다.

둘째, 죽간의 발견이라는 사건은 글자체의 발견, 문헌의 정리라는 사건과 관련됩니다.

'벽중서(壁中書)'는 즉 '고문(古文)'이 발굴된 문헌으로 여겨지고 있습니다. 공문자가 공자 집을 허물 때 그 벽중에서 고문헌들이 무더기로 쏟아졌는데 그 책들은 대부분 '육국고문(六國古文)'이었다고 합니다.[1] 이과정에서 고문자의 존재를 확인하게 되고 문헌정리가 이루어지게 됩니다.

또 『급총죽서(汲冢竹書)』와 『한간(汗簡)』과 같은 출토문헌과 관련된 책과 기록이 있습니다. 『급총죽서(汲冢竹書)』는 서진(西晉, 280년) 초기 현재의 하남성 위휘시(河南省 衛輝市) 일대인 당시 급군(汲郡)에서 발견된 만자 이상의 죽간문헌을 말합니다. 『한간(汗簡)』은 고문자들을 수집·정리한 송(宋) 곽충서(郭忠恕)가 지은책이라고 할 수 있습니다.

동한(東漢)시기 급총에 책들이 발견되어서 문헌정리에 대한 관

---

1   진몽가(陳夢家), 『중국문자학』, 북경: 중화서국, 2006, pp.168~175.

한자와 출토문헌

심도 생겨나게 됩니다. 전해지는 책은 많지 않지만 그 계기로 많은 책들을 정리했다는 것도 일리가 있기 때문에 『급총죽서(汲冢竹書)』의 발견은 매우 중요한 사건이라고 생각됩니다. 『급총죽서(汲冢竹書)』에 해당하는 문헌이라고 정확하게 기록한 것도 있고 기록하지 않은 것도 있습니다. 그 문헌 중 일부는 전문(篆文)이 포함되어 있다고 보고 있습니다.

예서는 전국문자에서 진한시기를 거쳐서 변화하는 글자체, 예변을 거쳐 사용되는 글자체입니다. 해서는 우리가 지금 쓰고 있는 정체, 즉 정서체입니다. 행서는 해서를 간단하게 쓰는 글자체라고 보통 인식을 하고 있고 일반적인 서첩은 대부분 행서로 쓴다고 생각합니다. 이에 대한 글자체 의 확인은 삼체석경(三體石經), 사체석경(四體石經)을 통해 이루어졌습니다. 이러한 여러 글자체를 석경으로 만들어 기록한 것은 '여러 글자체로 정리하는 것 자체' 또는 '기록하는 것 자체'에 의미가 있다고 생각해서 이어진 서사체계일 것입니다. 아래 예는 사체 천자문인데 삼체 천차문과 더불어 중국에서는 일반적으로 대중적으로 읽혀지고 있습니다.

Ⅲ. 글자 연습과 실제 분석

그러면 금문에서 전국문자로 발전을 하면서 어떻게 문자의 개성을 계승했는지에 대해 살펴보고 현행 한자로 발전해 가는 과정을 살펴보려고 합니다.

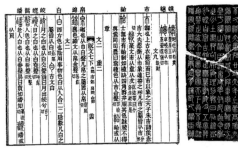

『설문해자』와 『嶧山碑』

상해 박물관 소장 俞和의 四體千字文

한자와 출토문헌

1. 금문

첫 번째 금문은 장식성과 상형성이 풍부합니다. 금문이라고 하면 청동기에 새긴 글자들인데, 처음에는 상징성이 강한 족휘(族徽: 부족을 상징하는 문양)문자처럼 간단한 내용의 글자를 중심으로 새겼기 때문에 원래 장식성이 강했는데 점점 내용이 많아지면서 글자가 더욱 단순화됩니다. 이 과정을 여러분도 확인할 수 있는데, 예를 들면 왕(王), 기(其), 자(子)와 같은 간단한 글자들에서 확인할 수 있습니다.

글자의 그 서사 필법이 좀 많이 바뀌는데 그림처럼 획일하지 않거나 두께가 다르거나 한 선 내에서 평직화, 직선화 이런 것들을 하지 않은 단계들이 보통 일반적으로 전서(篆書) 단계라고 할 수 있습니다. 그래서 예서(隸書)로 가기 전에 대부분 고문자 단계에서는 평평하거나 균일한 두께의 필획은 기대할 수 없습니다. 글자는 장식적인 요소들이 강하고 여전히 상형적입니다. 직관적으로 우리가 보면 알 수 있어요. 이 글자가 어떤 의미인지 그런 것들을 통해서 이게 아직 글자 단계이긴 하지만 소전 이전 또는 전국문자 이전 또는 예서 이전으로 구분합니다. 금문은 장식성과 상형성을 모두 갖추고 있기 때문에 전국문자 이전의 형태라고 봅니다.

금궤(禽簋)라는 금문의 예를 들면 이 글자는 엄(奄) 자인데 상형성이 매우 강합니다.

『금궤(禽簋)』『集成』7·4041

상형성이 높은 서주초기 금문 예	『금궤(禽簋)』『集成』7·4041
王伐 (奄侯), 周公某(謀)禽 (祝). 禽又(佑) (啟) (祝). 王易(賜)金百 (鈞), 禽用乍(作)寶彝. 왕이 엄후奄侯를 정벌할 때, 주공周公이 의례에 따라 제사를 도모하고 백금伯禽이 축도하였다. 백금은 진의 제사를 올릴 때 이를 도와 축도하였다. 왕이 청동백률을 내리시니, 백금이 이것으로 보배로운 제기를 만드노라.	

글자 자형이 비교적 초기 금문자형이라고 할 수 있습니다. 그리고 '바라다', '기원하다'의 글자 '축(祝)' 도 사람이 손으로 포즈를 취하고 있고 하부 편방에 제단 '시(示)'가 있는 형태입니다. 그래서 제사에서 기도하고 있는 모습으로 볼 수 있습니다. 그리고 '왕(王)' 같은 경우도 여기 상부 필획이 다소 두껍습니다. 시기적으로 아직 필획이 직선화, 평직화가 이루어지지 않았다는 사실을 알

한자와 출토문헌

수 있습니다. 즉, 균일하지 않은 필획의 두께를 확인할 수 있습니다. 물론 마찬가지로 글자의 필획 두께가 다릅니다. 본 편의 글자들은 필획의 두께가 일정하지 않아서 상형성을 강하게 띠고 있습니다. 아직은 상형성이 강해서 글자 단계 중 초기 금문의 단계이자, 대전 단계라고 볼 수 있습니다.

『경숙반(京叔盤)』『集成』16·10095

상형성이 높은 서주초기 금문 예	『경숙반(京叔盤)』『集成』16·10095
京弔(叔)乍(作)孟嬴媵(媵)[盤], 子子孫永寶用. 경숙(京叔)이 맹영(孟嬴)을 위해 잉반(媵盤)을 만드니, 자자손손 영원히 보배롭게 할지어다.	

이어서 서주 말기의 예시 『경숙반(京叔盤)』을 살펴보겠습니다. 서주 말기 기물의 글자는 마치 그림처럼 통통하고 예쁜 글자체의 특징이 드러납니다. 이런 자형특징이 서주 말기의 특징인가 하는

궁금증이 생기는데요. 확실히 서주전기와는 다른 자형적 특징을 지닙니다. 즉 선형화와 직선화, 비상형성을 띠고 있습니다. 예를 들면은 '영(嬴)자'를 한번 보겠습니다.

영(嬴) 자형변화

	嬴季簋	서주 초기	集成3558
	季嬴霝德盉	서주 중기	集成9419
	嚻伯盤(金)	서주 말기	集成10149

『경숙반(京叔盤)』은 "경숙이 맹령을 위해서 잉반을 만드니 자자손손 영원히 보배롭게 지낼지어다"와 같은 내용입니다. 글자 영(嬴)을 살펴보면, 초기 금문 자형은 편방을 통해 어떤 사람이 어떤 사물을 바라보는 형상이라고 추정할 수 있습니다. 어떤 사물과 이를 사람이 보고 있는 형상의 편방이 있습니다. 그리고 서주중기 자형의 편방은 편방의 대소를 통해 사람과 사물의 의미에 중심점을 부여하는 듯합니다. 사물의 형상이 훨씬 더 부각되어 있는 모

습으로 사람의 형상을 매우 작게 표현하고 있습니다. 서주 중기 자형의 일반적인 구조라고 할 수 있습니다. 처음에 이렇게 간단하다가 훗날 점점 복잡해지는 자형 구조를 확인할 수 있습니다. 서주말기에 이르러 완전히 다른 자형으로 변화합니다. 이처럼 '영(嬴)'은 시대별로 자형특징이 비교적 분명하기 때문에 글자의 자형만으로도 해당 출토문헌의 서사시기를 추정해낼 수 있습니다. 혼인의 과정에서 필요했던 지참용 그릇을 잉기(媵器)라고 합니다. 지금 보시는 내용을 담은 기물은 그것들 중에 하나라고 생각하시면 되겠습니다. 서주 말기 다른 금문의 자형도 한번 보시면 『순백대부작영기수(筍伯大父作嬴改盨)』라는 '수기(水器)', 즉 물을 담는 기물에 새겨진 내용입니다.

"수뇌 백대부가 영기를 위해서 주조한 보배로운 수를 만드노니 자자손손 영원히 보배롭게 사용할지어다."의 의미로 글자 '子'를 보시면 모양이 좀 조금 다릅니다. 서주 후기 자형 『순백대부작영기수(筍伯大父作嬴改盨)』의 '자손'자형만 보더라고 자형적으로는 비교적 둥글고 부드러우나 서주 초기의 『금궤』, 서주 중기의 『경숙반』 보다 추상적이고 평평합니다. 그 선들이 잘 보시면 의외로 상형성이 있어 보이기는 하지만 생각보다 다소 추상적이고 선들이 균일화되고 있다는 것을 알 수 있습니다.

『순백대부작영기수(筍伯大父作嬴改盨)』

상형성이 다소 줄어든 서주말기 금문의 예	『순백대부작영기수 (筍伯大父作嬴改盨)』9·4422
筍白(伯)大父乍(作)嬴改 鑄旬(寶)盨, 其子子孫永 旬(寶)用. 순의 백대부(伯大父)가 영기(嬴改)를 위하여 주 조한 보배로운 수(盨)를 만드노니, 자자손손 영 원히 보배롭게 사용할지어다	

기(改) 자형변화

縣改簋(金) 西周中期	甫人盤(金) 西周晚期	筍伯大父盨(金) 西周晚期	巫(金) 春秋	說文·女部

　　'기(改)'자를 보시면 선화의 과정을 발견할 수 있어서, 서주후기 자형이라고 바로 확인할 수 있습니다. 그렇지만 선화되어 감에도 불구하고, 분명 장식성은 여전히 존재합니다. 그래도 글자체 자체

한자와 출토문헌

에 있어서는 예전의 형태에서 약간의 균열이 가고 있는 것을 확인할 수 있습니다. 그렇게 점차 소전체처럼 변해 갑니다. 현대의 글자로 발전하는 것은 아니지만, 이 글자들이 소전체의 전신으로 발전하고 있어 자형 발전이라는 큰 틀에서 하나의 단서를 찾았다고 할 수 있습니다. 그리고 진계(秦系) 금문, 즉 춘추 전국시대의 진계 금문을 통해 알 수 있듯이 그때 당시의 금문은 진계 문자와 가장 유사한 형태를 보입니다. 진계 금문은 은상계와 주계의 문자계통을 가장 많이 이어받아서 비슷한 형태를 잘 보존하고 있고, 글자의 상형성이 강하다든지 그런 특징을 여전히 지니고 있는 글자도 있습니다. 상형성을 지니고 있지만 상형성과는 조금 상관이 없는 글자자형들이 있습니다. 원래 금문은 상형성이 어느정도 허용되

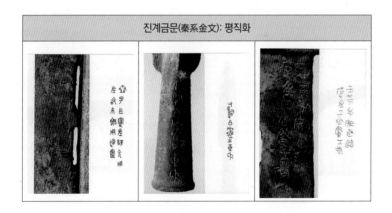

진계금문(秦系金文): 평직화

는 부분이 있습니다. 상형성은 완전히 상형성을 가지고 있는 글자가 있고, 상형성은 있으나 선화 또는 균일화된 자형이 있기 때문에, 이에 대해 확인할 필요가 있습니다. 조악한 느낌이긴 하지만 또 예서처럼 쓰는 것 같다는 느낌도 들어서 제시해 봅니다.

　이어서 초계(楚系)문자의 예로서 저는 조충서(鳥蟲書)를 제시해 보겠습니다. 초계(楚系)와 제계(齊系)문자들은 대부분 이렇게 조충서로 발전합니다. 즉 글자가 점차 예술체의 면모를 지니게 됩니다. 특히 무기류에는 대부분 조충서를 사용합니다. '과(戈)'나 아니면 '창'에 예술체적으로 글자를 쓴 것입니다. 글자 안에 새 머리의 형상이 보이시나요? 마치 새가 나는 것 같은 형상을 글자에 담아 예술적으로 표현합니다. 이런 자형이 바로 그때 당시에 유행했던

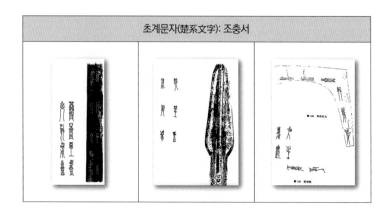

초계문자(楚系文字): 조충서

한자와 출토문헌

자형이며 조충서라고 합니다. 오왕(吳王), 월왕(越王), 증후(曾侯)국에서 사용되던 자형입니다.

여러 지방에서 조충서를 사용했다는 사실을 알 수 있는데 글자의 계통과 모양이 조금씩 다릅니다. 이들 자형을 예술적으로 서사하기위해 노력했는데 특히 무기 위에 새기거나 주조했습니다. 개인적으로 조충서의 출현 배경에서 주술적인 요소가 작용했다고 생각합니다. 물론 이 글자들은 전형적인 제나라 계통의 글자는 아닙니다. 그렇지만 글자 구조나 구형은 여기서 충분히 알아볼 수 있기 때문에 참고할 수 있는 훌륭한 자료입니다.

채(蔡)검	노(虞)공검	齊戈

2. 전국문자

'진계(晉系)문자를 어떻게 연구할까? 또는 어떻게 분류할까?' 이런 질문에 우리는 진나라 계통문자가 어느정도 계통성 있게 분류되고 있다는 사실을 확인할 수 있습니다. 그 이유는 '후마맹서(侯馬盟書)'라는 맹서자료가 남아 있기 때문입니다. 이 맹서를 기준으로 진계의 글자 자형이나 구조, 그리고 문장들을 분석하고 있습니다. 이처럼 중국의 전국시대 문자, 즉 전국문자는 문헌의 출토근거에 따라 선행적으로 분류하고 중요한 것은 각 계통에 따른 표준적 자형에 따라 전국의 문자를 분류합니다. 따라서 우리는 문

제계(齊系)문자	
노(魯), 주(邾), 예(倪), 임(任), 등(滕), 설(薛), 거(莒), 기(杞), 기(紀), 축(祝)	
연계(燕系)문자	
풍부한 북방 지역의 색채	
진계(晉系)문자	
조(曹), 위(魏), 한(韓), 중산국(中山國), 동주(東周), 서주(西周), 정(鄭), 위(衛)	
초계(楚系)문자	
오(吳), 월(越), 서(徐), 채(蔡), 송(宋) 한수(漢水)와 회수(淮水) 사이 증(曾)국	
진계(秦系)문자	
한(韓)과 위(魏)	

한자와 출토문헌

자의 계통을 분석할 때, 먼저 문물
에 새겨진 문자를 기준으로 삼고,
현행 출토문헌을 모두 함께 비교
하면서 분석합니다.

張參『九經字樣』
'예변(隸變)' 표현의 등장

제계(齊系)문자는 표에 제시된
나라들이며, 연계(燕系)는 북방지
역의 문자로 세력이 가장 약했습
니다. 지역적으로는 지금의 북경
(北京) 보다 북방 지역을 포함합니
다. 그다음에 진계(晉系)는 동주(東
周), 서주(西周)를 모두 포함하는 영역입니다. 오(吳)·월(越) 지역이
초나라 계통 지역이라고 생각을 하시면 되겠고 진계(秦系)는 한
(韓)과 위(魏)를 보통 가리킵니다.

기존에 설명했던 여러 기물들도 함께 살펴 보아야 할 것 같아
서 몇 개의 기물을 다시 제시해 봤습니다. 먼저 대전(大篆)과 소전
(小篆)의 관계를 살펴보겠습니다. 보통 주문(籀文)이 대전(大篆)과
같다고 생각합니다. 그렇지만 이들의 자형특징과 그 근거가 다르
기 때문에 두 자형이 동일하다는 견해는 조심스럽게 받아들여야
합니다. 하지만 대략적으로 겹치는 부분이 많습니다. 그리고 서주

말기 금문과 춘추시기 진나라의 금문, 춘추전국 진나라 석고문 등에 쓰여진 글자입니다. 대전(大篆)에 대해 조평안 선생님께서는 대전 중에 번체는 소전(小篆)으로 발전하고 대전 중에 간체는 고례(古隸)로 발전했다고 말씀하셨는데 일리가 있다고는 생각합니다. 하지만 대전 중에서 간체가 고례로 발전했다는 사실은 조금 더 공부를 해봐야 될 것 같다는 생각이 듭니다.

진(秦)나라의 금문(金文)은 주문(籀文)의 영향을 받았습니다. 금문은 주문의 영향을 받아 서주 금문을 계승하고 있습니다. 특징을 살펴보면, 글자의 모습이 아름답고, 결구가 균형 있고 필력이 둥글둥글 통통하고, 상형성이 줄어들어서 소전에 가까워졌습니다. 대전의 특징에 대해서는 석고문을 보시면 이해가 더 잘 되실겁니다. 석고문은 글자가 균형이 잘 잡혀있고 필획이 균일합니다. 글자의 크기와 무관하게 균일성이 두드러집니다. 규범이 있어 규칙성에 따라 글자를 정했습니다. 필력이 웅건하기 때문에 주문의 특징이라고 생각했던 충만하고 고박하고 엄중한 느낌 이런 것들이 모두 글자의 풍격에 녹아 있는 듯합니다. 글자 자체에 엄중한 느낌이 잘 담겨 있습니다. 저는 잘 이해되지 않지만 글자의 풍격을 나타내는 특정한 표현이 있습니다. 고박하다, 충만하다, 엄중하다 이런 표현이 익숙하지 않지만 서예하시는 분들은 표현방법에 따

한자와 출토문헌

라 해당 글자를 분석하고 이해한다고 합니다.

　이어서 예서, 예변에 대해 알아보겠습니다. 예변을 처음 언급한 문헌을 찾아보면 당나라 때 장삼(張參)의 『구경자양(九經字樣)』이라는 책이 있습니다. 당나라 때 증보(增補)를 씁니다. 이 판본은 장삼의 책이니까 당나라 이전에 위진남북조 때 지어진 책이지만 당나라 때 증보를 하면서 예변이라는 말을 처음 사용합니다. 그래서 글자를 확인할 수는 있지만 상부 필획이 깎여 있고 필획 하나가 없습니다. 그리고 그런 경우가 바로 예변이라고 설명합니다. 이것도 공부하면 재밌을 것 같습니다. 진간(秦簡)은 고례(古隸)라고 할 수 있습니다. 『수호지진간(睡虎地秦簡)』을 아래 제시해 보았는데 글자가 잘 안 보여서 죄송합니다.

고례(古隸):진간(秦簡)『수호지진간』
1.기울기 2.기복, 파세 3.평직

　글자체를 보면 진간(秦簡)이고, 수호지(睡虎地)라는 지역에서 발굴된 죽간입니다. 지역이 확실하고 출토된 것이기 때문에 예서의 기준이 될 수 있습니다. 글자가 약간 기울어졌고 전반적으로 기복이나 파세 등 글자특징이 분명하고 필획이 나누어져 있으니까 평직하고 굴곡이 없이 이미 예서(隸書) 단계에 있기 때문에 글자 모두 평직합니다. 그리고 한 글자에 필획의 굵고 가늠이 같다면 이것이 바로 고례(古隸)의 특징에 해당합니다.

또 다른 고례의 예를 우리가 공부했던 마왕퇴 중에서 들어보겠습니다. 글자를 보시면 마왕퇴는 생각보다 예서의 특징이 잘 드러나면서도 매우 간결하게 잘 썼습니다. 『수호지진간』도 잘 쓴 필체이지만 마왕퇴보다는 아름답다는 느낌은 들지 않습니다. 죽간이 너무 좁아서 예서를 보기 좋게 쓰기 위해서는 어려움이 있었을 것으로 여겨집니다. 글자는 체계적으로 쓴 것 같고 저는 서예에 대해서 잘 모르지만 자적(字跡)을 근거로 볼 때, 한 사람이 쓰지 않았나라는 생각이 들었습니다.

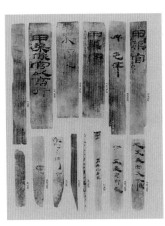

한간(漢簡)·팔분목독(八分木牘)
『거연한간』

한자와 출토문헌

'팔분(八分)'이라고 볼 수 있는 글자체는 대표적으로『거연한간』의 글자체인데『거연한간』도『마왕퇴』의 자형과 비슷하다는 생각을 했습니다. 그렇지만 조금 더 필획이 길게 늘어뜨려져 있는 자형에서 한간의 특징이 보입니다. 필도의 두께가 일정하지 않고 글자가 늘어뜨려져 있습니다. 전국문자의 분석 방법에 대해서 정리해서 말씀드리면, 이학근(李學勤) 선생님께서 체계화하고 정리도 하셨지만 그리고 죽간도 정리를 많이 연구하셨지만 하림의(何琳儀) 선생님이 가장 선도적으로 전국문자를 중심으로 연구하셨습니다. 그 분석법을 보면 제가 종합고사 공부한 내용입니다. 그러니까 벌써 10여 년이 넘었습니다. 아마 전국문자를 공부하시는 분들은 글자 분석법을 잘 익히시면, 글자를 더 재미있게 공부하고 배울 수 있습니다. 역사분석법은 ① 해당 역사에서 어떤 관계가 있는지, 관련되는 다른 글자들이 있는 바를 확인하면서 분석하는 방법이 있고, ② 두 번째는 다른 지역의 글자들과 비교를 하는 방법입니다. 예를 들면 제계문자와 진계문자를 비교해서 차이점을 인식을 하는 방법입니다. ③ 세 번째는 같은 지역 문자끼리 비교해서 확인하는 방법입니다. ④ 네 번째는 고문과 비교해서 전국문자를 확인하는 방법입니다. 점검을 하면서 전국문자의 특징을 알아가면 더욱 재미가 있습니다.

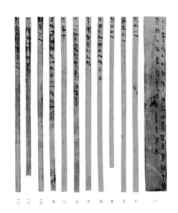

古隸: 馬王堆3號墓1~12

(2簡)家承(丞)一人
(3簡)家吏十人
(4簡)謁者四人
(5簡)宦者九人, 剝痼嬋喋橃榲

제가 앞서 육서는 상형, 지사, 회의, 형성, 전주, 가차가 있다고 했는데, 고문자에서 육서분석을 잠깐 설명 드리고 수업을 마무리 하겠습니다. 고문자도 육서는 설문과 동일한 원리를 적용하여 분석합니다. 그러다 보니 분석의 결과는 달라질 수 있습니다. 이유는 각 시기의 자형이 다른 원리로 발전했고 다른 구조를 지닐 가능성이 높기 때문입니다. 다시 말해 현대 한자는 이미 다른 구조가 되어버린 경우가 허다합니다. 그래서 고문자의 육서분석 결과와 『설문』의 육서분석 결과가 다를 수 있고, 현대 한자의 육서분석의 결과가 이들과 또 다를 수 있습니다. 이점은 항상 고문자 연구에서 유의하시고 오해 없이 공부하시기 바랍니다.

상형은 글자 모습을 그대로 본뜬 것입니다. 시체 시(尸)의 모습입니다. 말 마(馬)자는 다른 자형들을 이렇게 비교해서 보시면 훨씬 더 글자를 풍부하게 보실 수 있고 말의 형상은 상형입니다. 지

한자와 출토문헌

사 같은 경우는 어떤 기호 같은 걸로 표현하는 것으로 상하(上下)가 가장 대표적입니다. 회의의 경우는 두 개의 뜻을 근거해서 새로운 뜻을 만든 조자방법입니다. 회의는 '바로 오라'는 뜻이 있는 '즉(卽)'입니다. '바로 먹자'는 뜻입니다. 사람이 돌아앉은 모습입니다. 형성자를 보시면 형성자는 의미부분과 소리부분을 나누어서 분석할 수 있는 글자들을 말합니다. 가차는 설명을 했지만 글자가 원래 없던 글자를 빌려와서 글자를 채우고 빌려서 말하는 것을 말하고, 본래 소리만 있고 글자가 없는 경우가 많으며. 후기 본자가 다수임을 전술한 바 있습니다. '노(老)' 또는 '고(考)'와 같은 경우는 글자 관계를 이야기하는 것이기 때문에 관계를 보면서 공부하면 도움이 됩니다. 동일자형을 두 개의 의미와 소리가 나누어 사용하고 있기 때문에 문장의 사용을 두루 살피면서 글자의 의미를 확정지어야 하는 경우가 많습니다. 따라서 출토문헌에서는 문장의 문맥파악이 가장 중요하다고 볼 수 있습니다.

제8장

역사의 새로운 증거(1)
-한자의 변천

Ⅰ. 시작하며

7장에서는 함께 출토문헌과 제자서(諸子書)들 중에서 『공자시론(孔子詩論)』의 내용을 분석했습니다. 먼저 『공자시론』에 있어서의 이체자(異體字) 관계, 가차(假借) 관계 이러한 문자 및 언어특징에 대해 설명을 하면서 문자고석(文字考釋)을 어떻게 할지도 같이 고민을 해봤습니다. 문자서체(書體)는 하나라 상나라 주나라 시기에는 갑골문(甲骨文)을 사용하고, 상나라 시기에는 주나라 그리고 춘추전국시대까지 중요한 기록은 금문(金文)을 사용합니다. 우리가 지금까지 살펴보았던 글자는 예변(隸變) 이전의 글자체인데 전국시대(戰國時代)에서 서한(西漢) 초까지의 죽간문과 백서문을 포함합니다.

7장에서는 죽간문(竹簡文)을 보면서 전서(篆書)가 대전(大篆)에서 소전(小篆)으로 변화하는 과정과, 소전(小篆)에서 예서(隸書)로 발전하는 과정들을 설명했습니다. 대전(大篆)은 주문(籒文)과 거의 동일하게 보고 접근하는 것이 일반적인 견해라고 할 수 있습니다. 또 석고문(石鼓文)은 저초문(詛楚文)이라고도 하는데 석고문(石鼓文)이 주문(籒文)으로 씌어졌으며, 그 주문의 형식을 본떠서 소전(小篆)을 만들었다고 토론했습니다. 고례(古隸)는 지금 우리가 알고 있는 예서입니다. 곁들여서 『마왕퇴』 혹은 『거연한간』과 같은 팔분체가 관련됩니다. 이어 예서 중에서도 고례 특히 우리가 알고 있는 진례(秦隸) 중에 고례에 해당하는 『수호지진간』을 예시로써 확인해보았습니다. 예서의 특징 중에서 특히 전서에서 전서끼리 분화되는 과정이 복잡해서 그 점에 대해 중심적으로 살폈습니다.

Ⅱ. 한자에 담긴 역사

본 장에서는 한자에 담긴 역사 그 한자를 가지고 어떤 의미가 변천되었는지 한자의 변화를 살펴보고, 또 그 안에 어떤 문화들이 있는지 살펴보기로 하겠습니다. 갑골문 시대 혹은 갑골문 전 시대에는 한자가 없었을 가능성이 높습니다. 한자의 맹아기는 한자가 아직 생성되기 직전 시기라고 할 수 있는데 그런 시기라고 한다면 일반적으로는 아마도 구석기에서 신석기시대 즈음에 해당합니다.

서사도구　　서사내용

신석기만 해도 어느정도 문화가 발달된 상태인데 그럼 우리는 어떤 시기로 구분해야 할까요. 시기적으로는 초기 신석기 정도로 보고 접근해보면 당시 사회를 알 수 있을 것 같아서 그림을 준비했습니다. 잠깐 설명을 드리면 우리는 지금까지 고대 중국사회에서 사용된 서사 도구를 공부하면서 한자의 서사 도구에 대해서 좀 더 잘 알게 되었습니다.

갑골문이나 금문을 알게 되었고 새인문자, 화폐문자, 와당문자까지도 알게 되었습니다. 해당 내용의 한자들을 살펴보면 한자에 담긴 역사에 대해 추론해 볼 수 있을 듯합니다.

인간과 사회

인생

한자는 인간과 사회에 대해서 많은 이야기를 하고 있습니다. 사회라고 한다면 인간의 삶으로 생각할 수 있고 어느 정도는 비슷비슷했을 것으로 생각됩니다. 물론 중요한 사건으로 인해 완전히 문화적 대전환이 야기되기도 했지만, 인류 생존과 관련된 사건은 모든 문화에서 유사한 사건을 겪었습니다. 예를 들면 농경, 목축, 수렵 이런 생산 활동은 대부분의 문화에서 출현했다고 볼 수 있습니다. 즉 인류는 농경 사회에 접어들었을 것이고, 수렵 활동이 있었을 것이고, 목축도 행해졌을 것입니다. 맹아기에 해당하는 사회로 접어들기 위해 안정적인 사회를 만들기 위해 노력했을 것으로 추정할 수 있습니다. 고대 중국은 농경 사회를 기반으로 합니다. 농경을 했다는 것에서 어떤 정착지가 생긴 것이고 더 이상 유목 중심이 아니지만 목축이 진행되는 시대였다고 볼 수 있습니다. 특히 중원 지역에서 농경이 발달하면서 본격적인 농경기반의 사회가 시작되었습니다. 당시 인류 사회를 상상해 보시면 어렵지 않게 이해할 수 있습니다. 언어의 측면에서 인간의 몸, 그리고 인간이 하는 활동, 인간 전체의 삶 이런 것들이 가장 기본적인 단어였기 때문에 관련 한자들이 먼저 생겨났습니다. 그리고 제사에 관련된 글자, 그리고 생존 전략과 같이 수렵을 한다든지 아니면 전쟁을 하는 등 인간 사회에서 행위와 사건들을 중심으로 글자가 생겨났을 것입니다. 또 당시대의 인류는 부족 간의 전쟁 등과 같은 사건 뿐 아니라. 자연환경에 대해 어떻게 인식해야 할 지 고민했을 것입니다.

또 수공업을 통해 문물을 생산해 내었는데 뼈로 만든 바늘, 손도끼 등을 만듭니다. 그래서 의식주(衣食住)가 생겨납니다. 주거는 음식이나 의복 만큼 중요한 생존 요소였습니다. 따라서 이와 관련된 한자들이 출현하게 되었습니다. 그런 전제를 생각하고 여러분께서 제 접근을 하시면 좀 쉽지 않을까 해서 제가 이렇게 이모티콘을 열심히 붙여봤습니다. 그리고 감정들이 생겨났는데 감정들은 더 발달된 사회에서 생겨난 것들이라고 할 수 있겠습니다. 식욕, 배변욕 등 자기욕망과 같은 감정은 당시 사회에서 비교적 개인적인 사유였기 때문에, 그다지 중시되지 않았던 듯합니다. 어휘는 어떤 역할을 담당했을까요? 사람이 사물 또는 사건을 인지하기 시작하면 일의 선후와 인과를 인식하기 시작했을 것입니다. 생각이 또 현실화되면 어휘나 단어들을 만드는 데 인간의 공이 들었을 것이라 생각됩니다.

그 당시는 어떤 사회일까? 소병기[1] 선생님이 말씀하신 사회를

---

1   소병기(蘇秉琦) 지음·박재복(朴載福) 옮김, 2016, 『中國 文明의 起源을 새롭게 탐구한 區系類 型論』, 도서출판 考古, 110~143쪽.

굴가령 박물관   형주박물관

기본으로 생각을 하고 엘만 서비스가 주장하는 의견들을 수렴해서 보면, 가장 상위단계는 중국적인 생각으로서는 '방국(邦國)'이고 엘만 서비스의 생각으로는 '국가(國家)'라고 상위적인 단계에 있는 사회라고 할 수 있습니다. 한자는 사회가 그 단계까지 발전하기 전에 만들어지고 사용되었을 것입니다. 혹은 이 시기에 글자사용에 대한 인식이나 필요성이 생겨났을 짐작할 수 있습니다. '수장사회'를 보통 '고국'이라고 해서 우리가 생각하는 신석기 문화나 문화가 생겨나는 맹아단계라고 보는데 이 시기 하나의 문화가 자연스럽게 생겨났을 것으로 여겨지며, 그 시기는 중국 사람들은 오제 시기와 대응된다고 생각하고 있습니다. 그러나 이 시기는 역사시기가 아니며 상상의 시기라고 생각되므로 문화와 다르게 받아들여야 합니다.

한자와 출토문헌

제사 지내는 모습   집 짓는 모습

사진은 굴가령 유적지가 있던 곳에서 행해진 제사의 모습과 건축현장을 재현한 모습입니다. 이곳이 바로 굴가령 유적지가 있는 박물관입니다. 신석기 시대 중에서도 다소 오래된 문화라고 말할 수 있습니다.

박물관에 가면 당시 생활상을 보여주는 밀랍인들이 무엇인가를 만들고 있습니다. 우선 토기를 제작하고 있습니다. 토기를 만들고 굽는 당시인들의 생활상을 볼 수 있습니다. 이어서 가축을 기르기도 합니다. 닭을 기르고 있습니다. 그리고 돼지도 있습니다. 사람들이 일을 하고 아이를 돌보면서 동시에 가축도 같이 집에서 기르는 것을 알 수 있습니다. 이어, 건축활동을 합니다. 그림 속 현장은 고대중국인들의 집을 짓는 모습입니다. 흙으로 이기고, 지붕도 올려서 집을 만드는 상황을 잘 구현해두었습니다.

토기를 만드는 모습　　　　　　　가축을 기르는 모습

　　마지막으로 돼지를 희생물로 삼는 제사를 지내고 있습니다. 중간에 있는 것이 신주입니다. 어떤 매개체를 통해서 신께 고하고 제사를 하는 그런 하나의 도구라고 생각할 수 있는데 신주는 실제로 발굴된 유물이 있습니다. 재현된 모습의 크기는 그 유물의 실제 크기의 모형을 가져다 놓은 것입니다. 사람은 실제크기 보다 약간 작은 정도입니다. 이같은 모습으로 제사를 지냈을 것이라고 추정됩니다.

　　유적지에서 발굴된 것 중에 하나가 도끼입니다. 도끼는 고대중국에서 왕의 권력을 상징하는 하나의 상징물이라고 할 수 있습니다. 도끼는 중요한 도구의 상징, 기술의 상징, 권력의 상징이었으며, 상징이 되기 이전 시대에는 실제로 유용하게 일상생활에서 사

굴가령 박물관에 전시된 출토 토용과 옥으로 만든 도끼

용하던 중요한 도구였던 것은 분명합니다. 신석기 시기에는 이미 중요한 순간에만 사용하는 상징물로 여겨졌습니다. 신석기 시대 대부분의 문명에서 돌이나 옥으로 제작되었으며, 이 문명들을 근거로 그 일대에서 유물들이 출토되었습니다. 이 출토된 문물들은 현재 각 지역 박물관에 전시되거나 수장되어 있습니다.

III. 인생의 여정

1. '생(生)'

이제 '생(生)'자를 보겠습니다. '생(生)'자는 '초목(草木)이 생겨나다'는 의미입니다. 그래서 초목이 나오는 모습을 상용화한 것이라고 할 수 있고, 제가 이 부분에 대해 분류를 해놓았습니다.

인생 : 생 『說文』: "生, 進也. 象艸木生出土上.				
갑골문	금문	전국문자	소전	진한간
甲200(甲)商	作冊大方鼎(金) 西周早期	璽彙5181 戰國		
粹1131(甲)商	五年師簋(金) 西周晚期	包2.263 戰國.楚	說文·生部	睡虎地簡 10.1(隸)秦

갑골문이지만 두 가지 계통으로 나누어집니다. 와 같이 중간에 동그라미의 존재 여부로 계통을 분류했습니다. 그리고 동그라미는 점차 하나의 획(-)으로 발전합니다. 저의 견해로는 이 동그라미가 있는 자형이 점점 발전해서 획으로 발전하고 오늘날의 '생(生)' 자형이 형성된 것으로 짐작됩니다. 여러분 글자를 공부하시면서 동그라미 같은 중간점들이 가끔 출현합니다. 특히 갑골문이나 금문에서 주로 출현하는데, 이 점의 일반적인 발음은 '엉(eng)'입니다. 예를 들면 들을 '청(廳)'의 자형에는 '임(壬)'과 비

숫한 편방이 있는데 그 편방의 이 동그라미가 바로 廷자라는 발음의 표현인데 '소리 청(廳)'자의 발음 요소가 되는 부분입니다. 그글자 외에도 '성(成)' 또한 동일한 중간점을 포함하고 있습니다. 고문자에서 동그라미 점 모양 자체가 '엉(eng)'의 발음입니다 고성의모습과 비슷하게 점 하나로 표현을 하고 있습니다. 따라서 저는'생(生)'자 발음이 바로 이 동그라미 중간점에 있다고 보여집니다.상형의 육서이긴 하지만 2단계까지 갔을 때는 발전된 어떤 요소가 첨가된 것으로 생각됩니다. '소리는 어딘가에서 빌려 온 것이다.'라고 간단하게 이해하시면 됩니다.

2. '노(老)'와 '고(考)'

육서(六書)에서 주로 '노(老)'와 '고(考)'로 전주자(轉注字)를 설명합니다. 육서는 상형, 지사, 회의, 형성, 전주, 가차 이렇게 6개 방법이 있는데 그중에서 상형, 지사, 회의, 형성은 조자방법이라고해서 문자 구조를 만든다고 볼 수 있고, 가차, 전주는 어떤 글자간의 관계를 말하는 방법입니다. 전주 글자의 예인 '老(노)'와 '考(고)'가 동일한 어원을 가진 글자 관계 즉 '동원자'라고 볼 수 있으며, 이 글자들은 자형, 소리, 의미 전반에서 관련이 있습니다. 소리는 모음 부분이 관련이 있습니다. 또 소리 뿐 아니라 의미와도 관련이 있습니다. 그 의미가 관련이 있다는 근거로는 두 글자의 갑골문이 동일하다는 점을 들 수 있습니다. '노(老)'의 초기 글자 모양은 산발한 머리를 가진 사람을 나타내고 있습니다. 나이가 들면 머리가 성겨지기 마련입니다. 다른 부분은 지팡이를 짚고 있는 모습입니다. 약간 허리가 구부정하고 지팡이를 짚고 있는 사람의 모습이라고 보입니다. 그런데 자형 중에서는 편방에 마치 '돼지 시(豕)'가 있는 것처럼 보이는 글자가 있어서 자형형성의 원류가 다른 것 같아서 분리하여 배치해 두었습니다. 그리고 다른 '노(老)'와 '고(考)'를 소학당 사이트에서 확인해 보시면 매우 많은 수량의 글자가 출현합니다. 저는 이 중 특수한 자형을 중심으로 분류했습니다. 그 예로 매우 독특한 편방과 자형의 구조를 가진 자형만 선별해서 제시했습니다. 이 모양은 '사(使)'입니다. 전국문자 자형은 거의 유사합니다.

하부 편방은 '비(匕)'입니다. 금문자형에서 '지(之)'자로도 출현하는데 주로 '비(匕)'편방으로 출현합니다. 하부 편방 '비(匕)'자와 다른 형태로 존재하는 것이기 때문에 비교적 이체로 규정하는 것이 좋다고 보입니다. 소전(小篆)은 지금 있는 글자로 충분히 예정(隷定)이 가능한 글자입니다. 그러나 글자의 필획이 다릅니다. 이

인생 : 老
『說文』: "老,考也。七十曰老。从人、毛、匕。言須髮變白也。"

갑골문	금문	전국문자	소전	진한간
後2.35.2(甲) 商	殳季良父壺(金) 西周晚期	包2.217 戰國.楚	說文・老部	睡虎地簡 13.61(隸)秦
後2.35.5(甲)商				
	夆叔匜(金) 春秋早期			

에 비해 예서(隸書)는 글자가 다른 자형으로 변해 있는 경우가 보이고 자원과는 달라 있는 경우가 많은데, '노(老)'자의 경우에는 이 정도면 비슷하다고 볼 수 있습니다. '노(老)'의 경우는 오래전부터 사용되는 글자이기 때문에 아마 자형 변화가 크지 않게 발전이 됐을 거라는 짐작을 할 수 있습니다. 그럼에도 '비(匕)'인가 '지(之)'인가의 예를 든 바와 같이, 중간에 변체(變體)들도 발견된 것을 확인할 수 있습니다.

3. '질(疾)'

'병 질(疾)'입니다. 글자를 보시면 사람의 옆에 있는 부분이 화살입니다. 즉 사람이 화살을 맞은 모습입니다. 이렇게 화살에 맞아서 누워 있는 모습이겠죠. 왼쪽 편방이 바로 침대입니다. 사람이 침대에 누워있는 모양인데, 이는 점차 상부편방과 이어져서 하나의 편방이 되었습니다. 사람이 누워있는 모양인데 변체가 되어서 다른 글자가 되었다고 볼 수 있습니다. 글자의 내부적으로 중심이 되는 편방이 바뀌었다고 볼 수 있는데, 언제부터 바뀌었냐가 중요합니다. 그래서 고문자 분석에서 어떤 글자가 어떤 시기를 따라서 편방이 더해졌는지 확인하시는 도움이 됩니다. 이 글자의 경우에는 원래 금문이나 갑골문 원래 원시적인 상형이었을 때 어떤 현상을 그대로 설명했을 때 분명히 이 두 개의 편방 요소만 확실히 가지고 있었는데 여기에 '침대 床(상)'자가 들어왔습니다. 이런 글자의 원형이 되는 것은 금문 형태에서 지금 운영이 됐다고 판단할 수가 있어요.

발전의 과정이 다르지만 '병(病)'자는 갑골문 금문에서는 출현하지 않습니다. 이런 글자가 생각보다 많습니다. 갑골문과 금문이 없다면 이 글자는 근원이 다른 글자에서 기인했을 가능성이 있습

인생 : 疾
『說文』:"疾, 病也。从疒, 矢聲。疾, 古文疾。痒, 籀文疾。"

갑골문	금문	전국문자	소전	진한간
乙383(甲) 商	毛公鼎(金) 西周晚期		說文籀文	
	毛公鼎(金) 西周晚期	毛公鼎(金) 西周晚期	說文·老部 說文·老部	毛公鼎(金) 西周晚期

니다. 이 뜻은 '아프다' 혹은 '병에 들다'는 뜻에 해당합니다. 『설문』을 보시면 아시겠지만 '병(病)'과 '질(疾)'은 같은 뜻으로 풀이합니다. 즉 "병은 질이다(病, 疾也)."와 "질은 병이다(疾, 病也)"라고 풀이하면서, 서로 채워주는 관계라고 보고 있습니다. 동일한 의미로 쓰이는 글자들이기 때문에, 먼저 '질(疾)'자가 생겨난 후에 '병(病)'자가 생겨났을 가능성이 큽니다. 자형분화가 생겼거나 어떤 구체적인 사항을 이야기하기 위해서 글자가 분화됐을 가능성이 있는데, 전국문자 단계에서 특히 '방(方)'자로 쓰였습니다. 『수호지진

간』에서는 현대 한자와 유사한 형태인 '병(病)'으로 바뀌었습니다. 그래서 예변의 과정에서 바뀌었거나 진계와 초계의 완전 다른 근원을 가지고 있었을 가능성이 높다고 추정할 수 있습니다. 따라서 '병(病)'자는 전국 시대 이후에 혹은 예변 이후에 발전된 글자라고 보시면 될 것 같습니다.

4. '사(死)'

이어서 '사(死)'입니다. 이 글자 같은 경우는 왼쪽 편방이 '알(歺)'입니다. 예정(隷定)하면, '알(歺)'이 됩니다. 사람이 죽어서 남은 잔해라는 뜻입니다. 사후에는 육체는 썩고 뼈만 남습니다. 그래서 뼈가 있는 흩어져 있는 모습 혹은 부식해서 뼈만 있는 그런 모습을 일반적으로 '알(歺)'이라고 합니다.

갑골문의 '골(骨)'입니다. 뼈가 늘어져 있는 모습을 '알(歺)'자라고 본다면 '골(骨)'자도 거의 유사한 의미입니다. '골(骨)'자는 반대로 뼈를 모아놓은 형상입니다. 부식되고 사라지는 모습을 보여주는 글자입니다. '歺'자로 '사라지는 모습'을 형상화했다면, '骨'자는 사람의 육체와 관련됩니다. 사람 '인(人)'의 편방 사용에서 '사(死)'의 오늘날의 자형과 유사한 소전계통과 『설문』에서 고문으로 분

인생 : 死				
『說文』: "死, 澌也, 人所離也。从歺,从人。𣦸,古文死如此。"				
갑골문	금문	전국문자	소전	진한간
甲1165(甲)商	大盂鼎(金) 西周早期	包2.42 戰國.楚	說文・老部	睡虎地簡 13.61(隸)秦
	兆域圖銅版(金) 戰國晚期.晉	包2.125 戰國.楚	說文古文	
		望1.176 戰國.楚		

류하는 금문 또는 전국문자계통이 있습니다. 따라서 우리는 직관적으로 '사(死)'의 자형을 두 가지 계통으로 나눌 수 있습니다. 동일한 초기 자형이지만 갑골문에 근거해서 발전한 '사(死)' 자형은 소전으로 발전되었습니다. 다른 자형은 『설문』에서 혹체(或體)나 또는 고문(古文)으로 판정되는 것으로 금문에서 전국시대 말기까지 발전된 자형과 초기 자형의 영향을 받았다고 볼 수 있습니다. 『설문』에서 고문이라는 것은 육국고문 그러니까 우리가 지금 중

점적으로 다루는 전국문자 5개의 계통 중 진계(秦系)문자를 제외한 나머지 계통의 자형들을 말합니다. 이와 같이 계통으로 접근해서 보시면 더 명확해집니다.

제9장

역사의 새로운 증거(2)
-문헌의 차이

Ⅰ. 시작하며

9장을 시작하는 지금, 우리가 전래문헌과 출토문헌을 어떤 시각에서 공부해야 하는지, 특히 어느 정도의 가치에서 출토문헌을 받아들여야 하는지에 대해 고민하게 됩니다. 제가 출토문헌연구에 매진하고는 있지만 전래본이 옳다는 생각이 들 때가 있습니다. 아마도 기존에 많은 수정과 검토를 거친 문헌이기 때문이겠지요. 전래본과 출토본이 매우 다르기 때문에 완전히 다른 판본이라고 인식하는 게 가장 적합한 것 같습니다. 때문에 출토문헌을 전래문헌의 전신일 것이라고 단언하기는 무리가 있다고 봅니다. 물론 출토본이 전래본의 전신일 수도 있지만, 만약 그렇다면 출토본의 기준으로 전래본을 바꾸어야 되는데 이는 다소 위험한 생각이라고 봅니다. 각각의 문헌에는 각각의 역사가 있는 개별연구가 더 합리적이라고 생각합니다. 그리고 학계에서는 근거를 따져 그 내용을 상호수정하기도 합니다. 역사적 사건에 대한 기록은 종종 받아들여지고 있는 것입니다. 예를 들면『청화간』의「봉허지명」같은 경우처럼 기존의 역사서에는 허(許)나라에 대한 출토본과 동일한 기록이 없습니다.『사기』에는 무왕이 행한 역사적 사건의 내용들이 구체적으로 언급되어 있습니다. 따라서 관련된 출토문헌 자료는 역사를 보충하고 있다는 점에서는 의미있다고 여겨집니다.

원래 있는 판본인 전래본과 출토본을 비교해서 출토본이 이전 시기의 내용인 이유로, 또는 출토본이 좀 더 원시적인 판본이라는 이유로 전래본을 고치자는 방식의 접근은 조금 주의해야 된다고 생각합니다. 저는 전래본과 출토본을 각각의 가치로 인정하는 시각에서 접근하고 분석하는 것이 옳다고 봅니다. 출토문헌은 당시 사상이나 정치나 경제 문화들을 매우 세밀한 단서와 말투, 또는 문자 등에서 생생하게 반영하고 있기 때문입니다. 그래서 그 당시의 생각들을 반영하고 있기에. 만약 '출토본(出土本)'이라는 '이본(異本)'이 출현한 것이라면 이본 그대로 인정하는 것이 가장 합리적인 생각이라고 봅니다.

제사는 고대 사회에서 모든 사건을 해결하는 유일한 방법이었을 것입니다. 고대 중국사회는 신탁정치(神託政治)의 시기였습니다. 고대중국사회를 서양학자들과 중국학자들의 시각에서 종합분석해 보면, 고대중국사회는 수장사회였으며, 고국에 해당합니다. 중국역사에서 고국이자 수장사회로 여겨지는 시기를 '오제(五帝)시기'라고 보고 있습니다.

그렇다면 출토문헌이 어떻게 발견되었을까요. 비록 수업이 막바지에 접어들었지만 한 번은 말씀드려야 될 것 같아서 다시 꺼내서 살펴보려고 합니다.

년도	유적지	죽서기년
1623~1625年	陝西西安	大秦景教流行中國碑(AD781年)
1899年	河南安陽	安陽殷墟甲骨文及金文
1908年	內蒙古額濟納旗	黑水城發現
1928年	安陽殷墟 敦煌	第一次於安陽殷墟進行考古挖掘 敦煌莫高窟藏經洞的敦煌文獻
1930年代	湖南長沙	楚帛書(戰國時代)發現
1930年代	內蒙古居延地區	居延漢簡(西漢(以及1972年至1976年間)發現)
1957年	河南信陽	長台關楚簡(戰國中期) 發現
		馬王堆帛書(西漢)
1972年	山東省銀雀山	銀雀山漢簡(西漢) 漢墓發現
1973年	湖南長沙	馬王堆帛書(西漢)
1975年	湖北雲夢	睡虎地秦簡(戰國晚期至秦朝) 發現
1977年	安徽省阜陽縣	阜陽漢簡(日語: 雙古堆漢簡)(西漢)
1978年	湖北隨州市	曾侯乙墓楚簡(戰國時期)
1987年	湖北荊門	包山楚簡(戰國中期)
1993年	湖北荊州市	王家台秦簡(秦朝)
1993年	湖北沙洋	郭店楚簡(戰國中期)

년도	유적지	죽서기년
1994年	上海博物館陸續自香港古玩市場購入, 出土地點不明	上博楚簡(戰國中期偏晚, 後期偏早)
2008年	清華大學校友將從香港購入之竹簡捐贈母校, 出土地點不明	清華簡(戰國中晚期)
2009年	北京大學接受之匿名捐贈, 出土地點不明	北大漢簡(西漢中期)
2011年	江西南昌市發現	海昏侯墓漢簡牘(西漢)
2015年	安徽大學自海外購入之竹簡, 出土地點不明	安大簡(戰國時期)

죽서기년(竹書紀年)이 있고 역사 기록이 있습니다. 안양 은허 갑골문이 1899년 왕의영에 의해 확인되었습니다. 1908년에 내몽고에서 『액제납한간(液劑納漢簡)』이 발견되었고 이어서 1928년에 돈황(燉煌)이 발견되었습니다. 1928년부터 돈황 막고굴에서 그 문헌들 또한 발견되었습니다. 시기별로 보면 초백서(楚帛書)는 1930년대에 호남 장사에서 발견됐고, 또 『거연한간(居延漢簡)』이 몽골 지역일대에서 발견됐습니다. 30년대에는 『신양죽간(信陽竹簡)』이 발

견되었는데, 이어 1957년에 신양(信陽) 장대관(長臺關) 초간(楚簡)이 출토됩니다.『마왕퇴(馬王堆)』는 1972년 발견되는데 그 무렵『은작산(銀雀山)』유적이 발견됩니다. 마왕퇴는 1972년, 1973년 연이어 장사에서 발견되었습니다. 한편 호남 장사에서『수호지진간(睡虎地秦簡)』이 발굴됩니다.『수호지진간(睡虎地秦簡)』,『한간(汗簡)』에 이어서 1977년과 1978년에는『증후을묘(曾候乙墓)』가 발견이 되었습니다.『증후을묘』제가 보여드렸던 많은 수장품들이 호북성 박물관의 수장품 들이고 그 중 악기류는 증후을묘 유물들이 대부분입니다. 앞에서『포산죽간(包山竹簡)』을 분석하거나 거론하지 않았는데『포산죽간』은 대부분 공문서를 담은 죽간문헌입니다.

　호북성 박물관은 1987년 먼저 포산(包山)을 발굴하고 이어서 1993년 곽점(郭店)을 발굴하였습니다. 그 사이 1993년에는『왕가대진간(王家台秦簡)』이 연이어 발굴되었습니다. 한 번 발굴된 지역 일대는 추가적으로 발굴되는 게 일반적입니다. 발굴지라는 지역적 공신력이 있기 때문에 발굴지 주변탐색이라는 발굴이 진행되는 경향이 있습니다.『상박간』이 1994년 구입되었고『청화간』은 2008년에,『안대간(安大簡)』은 2009년에 출간되었습니다. 최근 한대 죽간본으로『북대간(北大簡)』이 있습니다. 북경대에서 소장하고 있는 한나라 죽간입니다. 북경대에서 한간을 직접 본적이 있었는데 의미있는 발견일 것으로 여기고 기대한 만큼 실제로도 좋은 내용이 많이 담겨있어서 저도 기쁜 마음으로 이체자 분석 논문을 썼던 경험이 있습니다. 이번 강의에서 『안대간(安大簡)』에서 공부할 내용은 시경(詩經)의 「관저(關雎)」편입니다.

『공자시론』이 시경을 품평한 공자와 제자의 대화를 다룬 글이었다면, 『안대간(安大簡)』에서는 『시경·관저』편과 같은 작품들이 출현했기 때문에 살펴보도록 하겠습니다. 우리는 보통 시경은 잘 안다고 생각하지만 사실은 잘 모릅니다. 시경 연구에 매진하시는 연구자 분들이 있습니다. 그래서 오랜 시간 동안 많은 연구자들이 꾸준히 연구해왔기 때문에 일반인들이 보기에는 감상 정도가 가장 적합하다고 생각합니다. 저는 필사를 해 보았는데 필사를 하면서 이체자를 많이 확인할 수 있었습니다. 그래서 이체자 공부하시는 분들은 연구에 있어서 시경 필사가 어느 정도 도움이 됩니다. 문헌 공부를 할 때는 『맹자』를 처음 접했는데 고대의 운율이나 언어나 문자를 공부할 때는 시경이 좋은 것 같습니다. 이체자 뿐 아니라 언어현상과 문자에 관심이 있으시다면 한 번쯤 시경을 필사하는 것도 공부의 방법입니다. 그리고 『안대간(安大簡)』 이후 『해혼후(海昏候)』묘의 발견이 있습니다. 『해혼후(海昏候)』는 장사 남창지역에서 발견됐다고 합니다. 이 일대는 한간(漢簡)이 많습니다.

『안대간(安大簡)』은 전국 시대 문헌이기 때문에 『해혼후(海昏候)』와 달리 글자의 모습은 곡선이 유지되고 있습니다. 한간의 특징은 직선화되고 곡선이 거의 사라진 형태를 띱니다.

9장에서는 문헌에 담긴 역사 내용을 찾아보려고 합니다. 제가 썼던 논문 내용을 중심으로 예를 들겠습니다. 본 장에서는 『청화간·명훈』편에 대해 살펴볼까 합니다. 전래문헌에서도 출현하는 이 글은 내용과 문장에서는 매우 유사하지만 완전히 동일하지 않다는 점에서 각각 문헌을 따로 이해하는 것이 관건이라고 할 수 있습니다. 다만 문형, 용어, 사상 등은 상호 참고와 보충이 가능하기 때문에 매우 의미 있는 발견이라고 할 수 있습니다. 『일주서·명훈(逸周書·命訓)』에서는 두 번째로 출현하는 글입니다. 또 다른 내용으로 『안대간·관저(安大簡·關雎)』과 『시경·관저(詩經·關雎)』편을 비교·분석해 보려고 합니다. 관련 연구를 진행하신 여러 연구자들의 연구성과를 중심으로 논문을 참고했습니다. 논문을 참고하면서 저도 관심있는 분야를 발견할 수 있었는데 이 강의를 계기로 저도 추가적으로 연구해보려고 합니다. 마지막으로 '오행(五行)' 부분을 공부해 보겠습니다.

II. 『청화간(오)』「명훈」편

　『청화대학교장전국죽간(오)(淸華大學藏戰國竹簡(伍))』내용 중에
서「명훈(命訓)」편은 5권에 수록되어 있습니다. 『청화간』은 매 권
마다 6편~7편 정도의 글로 구성되어 있습니다. 「명훈」편은 『일주
서』라는 전래문헌에 이미 기록되어 있는데, 앞서 상서(尙書)를 설
명하면서 『일주서』가 상서의 일서라고 언급했었습니다. 즉 상서
에 편입되지 못한 그런 글을 모아서 책으로 정리한 것입니다. 『일
주서』라 중에서 첫 번째에서 세 번째 편이 훈(訓)에 대한 내용인데
바로 「명훈(命訓)」편이 두 번째 편에서 출현하고 있습니다. 일주서
는 전래문헌입니다. 전래문헌에 있는 책의 내용은 출토본의 내용
과 어떻게 충돌되거나 다른 지 혹은 같은 지 이런 것들을 살펴보
면, 당시 언어 환경이나 글자를 확인할 수 있습니다. 그래서 글자
차이와 문헌의 내용상 차이를 확인하고, 내용의 교정과 보충을 할
수 있는데 우리는 내용의 교정과 보충을 목표로 연구를 합니다.

　2015년 5권에 대한 성과 발표회에서 북경대 주봉한(朱鳳瀚)교
수님께서 제시한 관점은 참으로 탁월합니다. 그는 "우리의 관심
을 끄는 가장 중요한 내용은 '일주서(逸周書)의 명훈(命訓), 도훈(道
訓), 상훈(常訓)에서 과거 대부분 동주(東周) 이후 나타난다'고 이야

기되었던 천도(天道), 인도(人道)사상이 출토본 문장에서도 나타난다.”고 말합니다. 기존에『일주서』는 동주 이후에 출현했다고 생각했기 때문입니다. 이는 '천도(天道), 인도(人道)'사상이 이렇게 이른 시기에 출현했을 리가 없다고 여겨왔고, 죽간본에서 출현한 것을 확인하면서 그렇다면 그 시기가 이르다고 여겼습니다. 기존의 전래문헌을 근거로 확신했던 문헌의 시기에 대한 확인과 점검의 필요성을 재인식하게 된 것입니다.

고우인(高佑仁) 선생님은『일주서·명훈』편에 대해서 집약적이고 전문적으로 연구하였습니다. 선생님의 의견을 보니『일주서·명훈』편이 사상적인 부분을 주로 담고 있는데 명(命), 인도(人道), 천도(天道)와 같은 개념들을 많이 담고 있지만 시대적인 부분은 우리가 생각했던 그것과는 달랐다고 설명하고 있습니다. 「명훈」편의 성서(成書)시기가 東周시기라면 '춘추시기 무렵'이라고 보시면 됩니다. 춘추시대와 전국시대는 현재 대부분의 죽간본 문헌의 성서시기에 해당합니다. 그러나 이를 세분하여 특정한다면 어떤 시기라고 보아야 할까요? 춘주 시대인 동주 시기라고 확정짓는 것은 어려운 일이라고 생각되고 전국시기로 보는 것이 합당하다고 봅니다.

명훈편 영인본의 한 페이지를 펼쳐 봤습니다. 이 책은 씨텍스

『逸周書·命訓』편

트(www.ctext.org.com)라는 사이트가 있습니다. 여러분이 혹시 원서 영인본을 보고 확인하고 싶으시다면 본 싸이트를 참고하시기 바랍니다. 이런 책들을 개인이 소장하기란 매우 어렵습니다. 사이트를 활용해 보는 것이 비교적 합리적입니다. 전래본과 죽간본이 다르게 출현하는 명훈편의 문장을 그럼 확인해 보겠습니다. "무릇 천도(天道)는 세 가지가 있고 인도(人道)에는 세 가지가 있다. 천도에는 명이 있고 화가 있고 복이 있다. 인도에는 부끄러움이 있고 복록이 있고 형벌이 있다"고 설명하고 있습니다. 그래서 인도의 수치가 천도의 명(命)에 해당하고 인도의 봉록이 천도의 복(福)에 해당하고 인도의 형벌이 천도의 화(禍)에 해당한다는 논리가 전래본의 내용입니다.

'인도의 수치'가 '천도의 명(命)'에 해당한다는 내용은 틀리지 않습니다. 그런데 이어지는 내용을 출토본과 대조해 보면 문제가 보입니다. 이 세 가지 '명, 화, 복' 관계의 순서가 틀렸다는 사실입니다.

『逸周書』「命訓」	『淸華簡·伍』「命訓」[簡六]-[簡七]
夫天道三, [簡六]人道三: 天有命, 有禍, 有福; 人有醜, 有紼絻, 有斧鉞. 以人之醜當天之命, 以紼絻當天之福, 以斧鉞當天之過.	夫天道三, [簡六]人道三. 天又(有)命, 又(有)福, 又(有)禍. 人又(有)(恥), 又(有)市冒(冕),又(有)(斧)戊(鉞)[16]. 以人之(恥)尙(當)天之命. 以亓(其)市冒(冕)尙(當)天之福, 以亓(其)斧鉞當天之(過)[17].

출토본과 전래본에 나타난 천도와 인도 정리본

天道	命	福?/禍?	禍?/福?
전래본	天有命	有禍	有福,
출토본	天又(有)命	又(有)福	又(有)禍
人道	醜/恥	紼絻/市冕	斧鉞
전래본	人有醜	有紼絻	有斧鉞
출토본	人又(有)(恥)	又(有)市冒(冕)	又(有)(斧)戊(鉞)

죽간본과 출토본「命訓」편의 천도와 인도

夫	天	道	三,	人	道	三.		又(有)	命
夫	天	道	三,	人	道	三:	天	有	命
又(有)	福,	又(有)	禍.	人,	又(有)	佢(恥)	又(有)	市	冒(冕),
有	禍,	有	福	人	有	醜,	有	絑	絻,
又(有)	釱(斧)	戉(鉞)	以	人	之	佢(恥)	尙(當)	天	之
有	斧	鉞	以	人	之	醜	當	天	之
命.	以	亓(其)	市	冒(冕)	尙(當)	天	之	福,	以
命,	以		絑	絻	當	天	之	福,	以
亓(其)	斧	鉞	當	天	之	褙(過)			
	斧	鉞	當	天	之	過			

죽간본에서 이들 관계는 분명히 복록은 고대의 예복인데 관직에 해당하는 상징적인 표현입니다. 복에 해당할 가능성이 높습니다. 부월(斧鉞)은 당연히 옛날 참형할 때 쓰였던 도구입니다. 따라서 형벌에 해당할 겁니다. 형벌 자체가 복이 된다는 내용은 논리적으로 맞지 않습니다. 화(禍)에 해당할 거라고 짐작되는 부분입니다. 그런데 순서를 보니 화(禍)와 복(福)이 대응되는 부분이 출토본에서는 복(福)인데, 전래본에서는 화(禍)이고 이와는 반대로 화(禍)는 복(福)이라고 정리되어 있습니다. 고대의 예복[緋綬 : 관직을 나타내는 의복과 관모]과 관계가 있다고 보이는 것이 복(福)으로 보아야 될지 화(禍)로 봐야 된다고 생각한다면 당연히 복(福)으로 보아야 됩니다. 즉 순서가 잘못되어 있다고 보입니다. 출토본은 그 순서가 복(福)으로 되어있어 적절하고, 전래본은 화(禍)로 잘못 배열되어 있습니다. 그래서 이런 것들은 찾아내서 교정할 수 있다고 봅니다. 즉 출토본과 전래본의 비교를 통해서 새로운 문제를 찾아낼 수 있습니다. 저도 이렇게 생각하고 정리를 해두었습니다. 전래본의 역사나 문장 기록을 수정하는 경우가 많지 않지만 부분 수정은 종종 이루어졌습니다. 보셨듯이 충분히 타당성이 있습니다. 따라서 이 같은 부분을 통해서 전래본과 출토분의 관계는 보완적인 관계 또는 수정이 가능한 범위 내에서는 수정을 할 수 있는 관계이고 상호 증거가 된다고 봅니다.

전래본을 보면서 이상하다고 느끼는 부분이 튀어나올 수 있습니다. 예를 들면 전래본 『노자』 내용 중에서 '이거 이상한데 자연스럽게 안 될까'라고 생각했던 것들이 있다면 출토본과 비교해 보면, 종종 문제점을 확인할 수 있습니다. 물론 문제에 대한 해결은 전공 연구자들의 심화연구로 보충해야합니다. 저는 몇 년간 노자 관련 세미나를 참여해 왔는데 세미나 자료가 이사하면서 많이 사라졌고 노자를 보여드리지 못하게 돼서 아쉽습니다. 그래서 출토문헌과 비교연구를 거치며 전래문헌을 교정한 예시로 저의 논문 내용을 참고해 보았습니다.

제10장

나머지 이야기들

I. 시작하며

앞선 장에서는 출토본이 전래본과 내용적으로 다른 부분을 어떻게 다루어야 하는지에 대해서 토론해 보았습니다. 그리고 두 자료를 비교해 봄으로써 각각 내용의 상호보충이 가능하다는 사실에 대해 알게 되었습니다. 하지만 우리가 공부할 때 주의해야 할 점은 출토본이 반드시 옳다고 단정할 수 없고, 전례본을 완전히 바꾸는 일도 거의 드물다는 사실입니다. 어떤 결정적 근거가 출토본에서 발견되어 학제 내에서 토론되고 나아가 기존의 경학이나 역사학 분야 연구자들과 학제간 공통의 합의된 바가 있다면, 출토본이 우선이 될 수 있습니다. 그러나 일반적으로는 이 또한 드문 일입니다.

앞 장에서는 고문자의 음운관계, 자형 관계, 의미 관계의 분석 과정과 분석방법에 대해 함께 알아 보았습니다. 이번 장에서는 출토문헌이 발견된 유래와 중요한 문헌들을 중심으로 살펴보겠습니다. 첫 번째는 돈황 막고굴에 대한 사건들과 내용에 대해 둘러볼 필요가 있습니다. 돈황에 대한 이야기는 여러분들도 상식선에서 한 번쯤은 들어보셨을 겁니다. 이어서 두 번째로 공부할 내용은 『대진경교유행비(大秦景教流行中國碑)』라는 세계 4대 비석 중에 하나인 비석입니다. 현재 서안 비림박물관(碑林博物館)에 있습니다. 이 박물관은 '비석박물관'이라고 볼 수 있습니다. 세 번째는 내몽고에 있는 『액제납한간(額濟納漢簡)』에 대한 내용입니다. 액제납(額濟納) 흑수성(黑水城)의 발견입니다. 흑수성(黑水城)의 발견은 사실 『거연한간(居延漢簡)』과 관련이 있습니다. 흑수성이 발견되었지만 이곳에서 발견된 많은 유물들은 스타인(Stein)과 같은 전문 탐험가와 외국 세력이 이미 선제적으로 가져간 상황이었습니다. 이런 이유로 당시 그 소식을 듣고 일본에서 문자학과 고문학의 선구자로서 활동했던 나진옥(羅振玉), 왕국유(王國維) 이런 분들이 중국으로 건너옵니다. 그 후에야 비로소 중국 입장에서는 그나마 흑수성과 돈황의 유물을 어느 정도 보호할 수 있었습니다. 여기에서 등장하는 스타인이라는 인물은 돈황과 액제납에서 발견한 유물을 구매, 소장하게 됩니다. 이번 장에서는 이 세 가지를 말씀드리려고 합니다. 또 이를 역사적으로 위진남북조 이전에 만들어진 석경과 비석들과 연관지어 설명하겠습니다.

II. 석경의 설립: 후한

석경(石經)이 언제 처음 제작되었을까요?

돌에 새긴 문자텍스트는 처음에는 단지 기능적 부분에 의미를 두고 새겨진 것이었지만, 점차 종교적인 요소나 미적인 요소가 가미되면서 비석(碑石)이라는 형태로 남겨지게 됩니다. 중국의 비림(碑林)이라는 곳에는 경교(景敎)에 관한 비석과 다른 여러 가지 중요한 비석들이 수장되어 있습니다.

시기적으로는 후한(後漢)시기 부터 점차 후한은 바로 동한 시기를 말합니다. 앞서 금고문 논쟁은 공벽서 고문이 발견되고 금문파가 고문파에게 패하게 된 사건이었다고 언급한 바 있습니다. '돌에 새긴 글'이라면 진시황이 석고에 새긴 일명 석고문이 떠오릅니다. 진시황의 석고문은 자신의 능력을 뽐내거나 초나라를 저주하기 위한 내용을 담고 있습니다. 이에 비해 후한대에는 역사나 정치적인 내용을 비석이라는 형식으로 기록하기 시작합니다. 한나라 전기에 보이지 않던 정치나 경제, 사회 배경을 보여주는 내용을 담고 있으므로, 당시 사회, 문학, 역사 연구의 동시 자료로서 역할을 할 수 있을 만큼의 내용들이 있습니다. 역사 사료나 문자 연구에서 중요한 내용들이라고 할 수 있습니다. 따라서 우리는 한나라 전후에 등장하는 석각문들과 이후 발전되면서 전해지게 된 여러 비석들에 대해서 눈여겨 볼 필요가 있습니다.

1. 『조전비(曹全碑)』

　『조전비(曹全碑)』는 문자적으로 중요한 비석이라고 할 수 있습니다. 후한 영재 중편 인연에 예서 중에서 가장 단정한 글자로 여겨지는 글자가 바로 조전비의 글자체로 예서체의 표본이라고 할 수 있습니다. 비문의 내용은 돈황에 살았던 조전이라는 사람이 주천국의 장관이 되어 장각(張角)이 일으킨 황건적의 난을 진압했는데 그 공적을 기린 글입니다. 조전비는 명나라 만력년간 섬서성에서 발견되었습니다. 한나라 비석으로는 가장 완전한 비석으로 여겨지고 있습니다. 한나라 당시의 글씨체인 예서체가 비문에 잘 새겨져 있었기 때문에 오늘날까지도 서예가들에게 각광받는 중요한 비문이라고 여겨집니다. 오늘날에는 그 비문의 탁본을 떠서 글자를 배우고 연습합니다. 예서 중에서도 매우 단정하고 선이 정확합니다. 우리가 접해 본 고례의 경우, 예를 들면 마왕퇴는 이 자형과는 사뭇 다른 모습입니다. 저는 조전비에 비하면 마왕퇴의 글자체를 보면서 딱히 '아름답다'는 생각이 들지는 않는 것 같습니다.

2. 『희평석경(熹平石經)』

『희평석경(熹平石經)』은 동한(東漢) 희평년간에 만들어진 석경입니다. 당시 석경이 유행했는데 특히 희평석경은 금문(金文)으로 새긴 석경입니다. 국가에서 유가(儒家)의 칠경(七經)을 돌에 새긴 것으로, 이것을 '일자석경(一字石經)', '일체석경(一体石經)', '금자석경(今字石經)'이라고 합니다. 하나의 글자체로 새겨져 있는 것이기 때문에 '일자석경'이라고 명명했습니다. '일자석경'은 채옹(蔡邕)과 여러 학자들이 같이 새긴 것으로 광화(光和) 6년 낙양성(洛阳城) 남태학(南太学) 문밖에 인접해 있는 곳에 새겼습니다. 경서의 내용은 유가경전인 『역경(易經)』, 『논어(論語)』, 『상서(尚書)』, 『춘추(春秋)』, 『공양(公羊)』, 『노시(魯詩)』, 『의례(儀禮)』 7종의 경전이고 삼체 석경이 그 뒤를 이었습니다. 예를 들어 『역경(易經)』, 『논어(論語)』 등 '경'의 내용들을 돌에 새긴 것은 '희평석경'에서 시작하여 계승되었다고 볼 수 있습니다. '희평석경'은 해서로 글자가 규정화되는 과정을 잘 보여주고 있습니다. 예서나 전서를 함께 새겨 글자의 여러 서체를 잘 보여주는 증거라고 여겨지고 있습니다.

III. 비림박물관의 비석들

1. 『대진경교유행중국비(大秦景教流行中國碑)』

비림박물관을 본격적으로 탐방하기 위해서는 먼저 『대진경교유행중국비』에 대해 알아볼 필요가 있습니다. 이 비석은 서안 비림박물관에 있습니다. 세계 4대 비석 중 하나라고 평가하는 사람도 있습니다. 세계 4대 비석이라고 하면 볼까요. 첫째는 비석 '대진경교유행중국비' 즉, '경교비'입니다. 경교에 대한 내용을 기록한 비석입니다. 둘째는 이집트어를 기록한 로제타 스톤(Rosetta Stone)입니다. 현재 로제타의 비석은 대영박물관에 있으며, 신성 문자, 민중 문자, 그리스 문자로 쓰여 있습니다. 현재 전시된 내용은 프랑스 연구자의 번역을 따르고 있습니다. 세 번째 혹은 셋째 이스라엘에 매사비(Mesha Stele)입니다. 이 비석은 모압의 왕 메사가 기록한 내용입니다. 우리가 전쟁을 하고 결과가 이러했다는 성경의 한 구절과 기록된 내용이 동일하여 역사적인 증거가 되고 있고, 성경이 역사적인 기록이라고 받아들여지는 중요한 근거가 되는 기록입니다. 일부 훼손된 부분이 있는데 이는 어떤 고고학자가 비석을 구매하려 하자 그 지역 사람이 비석을 훼손시켜서 더 큰 돈을 받아내려는 과정에서 생겨난 것이라고 합니다. 복원이 불가능하다고 하는데, 사람의 욕심이 빚은 참사입니다. 마지막은 멕시코의 아즈텍 문명에 있는 태양석입니다. 가장자리를 둘러 상형 문자 비슷한 글자들이 새겨져 있다고 합니다. 태양석은 태양신의 모습을 돌에 새긴 것으로, 어떤 용도로 태양석이 사용되었는 지는 알 수는 없지만 사람이 생물과 관련된 것들을 이해하기 위해 그렸다는데 이 또한 확실하지 않습니다. 태양석은 해당 문명지역의 중심에 설치되어 있던 것이 땅에 묻히게 되었다가 현대에 이르러 다시 발굴되었습니다. 지금은 중요한 유적 중에 하나로 여겨지고 있습니다. 프리스트 홀름(Frits Holm)이라는 덴마크 평론가는 태양신석이 매우 중요한 비석이라고 보았습니다.

'경교비'는 해서(楷書), 행서(行書)가 함께 쓰여 있는데 해서 중심이고 행서가 조금 섞여 있다고 보입니다. 특이한 점은 시리아어가 동시에 새겨져 있어서 의미가 있으며, 조로아스터교의 기록이라고 분석되고 있습니다. 해서 32줄, 행서 62자, 총 1,780개의 한자와 수백 개의 시리아어가 새겨져 있습니다.

- 唐德宗建中二年 경교전파
- 唐武宗会昌年(845年) 사원의 장원설립 금지,억불정책으로 비석은 땅에 묻히게 되었다.
- 明熹宗天启3년 탁본을 라틴어로 번역하고 비석을 금승사(金勝寺)에 보관한다.

역사적으로 화려하게 만드는 것을 금지했던 기간이 있었는데, 이는 그 당시 당나라가 억불 정책을 시행했기 때문이라고 보입니다. 경교(景敎) 역시 그 영향을 받아 경교비를 땅에 묻게 됩니다. 비록 경교는 불교가 아니지만 사원이 필요했기 때문에 불교와 같은 종교로 여겨졌습니다. 훗날 명나라 희종이 다시 발굴해서 탁본을 뜨고, 라틴어로 번역 작업을 했다고 합니다. 그런 이유로 그 비석을 금승사(金勝寺)에 보관했는데 중간에 비석이 깨지는 사건도 발생합니다. 명나라 이후에 비석이 외국까지 갔다가 다시 돌아왔다는 설도 전해집니다. 그렇지만 외국에 오갔던 것은 아닌 듯하며, 현재는 잘 보호하고 복원 상태도 좋은 편이며, 일부분이 파손된 상태로 전해지고 있습니다.

비림은 어떤 곳일까요? 비림은 서안에 있는 비석을 모아놓은 장소로 여러 개의 방에 비석과 석조 부조들이 들어서 있는 여덟 개의 석실이 있습니다.

2. 『개성석경(開成石經)』

또 『개성석경(開成石經)』이라는 석경이 있습니다. 12개의 경서가 돌위에 새겨져 있어서 12경 각석이라고도 합니다. 동한(東漢)의 『희평석경』이 '7개 경서'였다면 당대 『개성석경』은 '12경'으로 확대되었다는 사실을 알 수 있습니다. 송나라 때 유실됐던 『개성석경』에 대한 내용들을 후대인들은 당시의 탁본을 근거로 보충했다고 합니다. 『개성석경』은 탁본을 통해서 유실된 전승자료의 내용을 보충하는 방식의 전승방법을 잘 보여주고 있습니다. 석경은 국가에서 주체가 되어 제작한 석각문(石刻文)으로 처음에는 고문과 금문이 공존했다가 점차 고문경을 새겼다고 합니다. 석경은 고문경을 새길 수밖에 없는 상황이었으나, 훗날 화려한 형태로 변질됩니다. 특히 장례에 있어서는 이 비석을 세우는 것을 금지했는데 그때가 조비가 왕위를 차지한 후로는 비석 세우는 것을 금지하는 기관이 생깁니다. 그래서 화려함의 어떤 상징과 같은 것이라고 할 수 있는 것이 바로 '비석'이라 해도 과언은 아닙니다. 작업 자체에 많은 자금을 들였던 것 같습니다.

3. 비림의 천자문들

몽영(夢英)
『전서천자문(篆書千字文)』

당대(唐代)『개성석경(開成石經)』

　비림의 탁본 중에 전서(篆書) 천자문(千字文)이 있어서 함께 둘러보겠습니다. 전서 천자문은 여러 판본의 형식으로 선인들이 쓴 것입니다.

　그런데 그중에서 가장 먼저 쓰여진 전서는 몽영(夢英)이라는 분이 쓴 전서 천자문입니다. 이어서 비림에서는 당대 개성석경의 모습을 확인 할 수 있습니다. 비림의 기록에서 이들 석각본과 영인본의 보완 과정을 확인할 수 있습니다. 석각본의 내용을 영인본에 문헌화하고 채웠던 기록이 실재합니다. 우리가 짚어봐야 할 글자로는 왕희지(王羲之), 지영(智永)이라는 인물들이 쓴 비문입니다.

한자와 출토문헌

왕희지의 『난정집서(蘭亭集序)』, 지영의 『천자문(千字文)』 등이 있습니다.

4. 조비와 묘비명

당나라 시기에 불교가 지나치게 흥행하자 이를 막아섰지만, 위나라시기 이미 불교에 대해 경계하기 시작했습니다. 즉 위나라의 조비(曹丕)가 일찍이 묘지에 비석 세우는 것을 금지했습니다. 당시 비석 건립 자체가 규제됐고 화려한 장례식 자체를 금지했던 것입니다. 이에 간략란 문장으로 작성된 묘지명이 탄생하게 되었으며, 이는 조비의 이러한 억불정책 때문이라 하겠습니다. 원래 문장을 주로 산문형식으로 썼다면 묘지명은 운문 형식으로 쓰게 되는 계기가 됐는데, 비석에 많은 글자를 쓸 수 없었기 때문에 그렇게 한 것으로 보고 있습니다. 그래서 사람들은 운문형식으로 축약해서 쓰게 된 것이죠. 우리나라도 묘지 앞에 묘비를 세우기도 하지만 눕혀놓기도 합니다. 혹시 이런 논리가 전해져서가 아닐까 개인적으로 생각해 봤습니다. 묘지 앞에 비석을 눕혀두는 관습이 이때부터 생겼다고 합니다. 화려하게 세우고 싶은 욕망을 숨기기 위해서는 비석을 세우는 것조차 불가능했던 당시 사회에서 심지어 비석은 땅에 아예 묻혀야 제작될 수 있었던 것으로 보입니다.

위나라 조비는 결국 '정시석경(正始石經)' 즉 삼체석경을 씁니다. 다른 석경들은 예서 중심으로 쓰거나 해서 중심으로 쓰거나 전서 중심으로 쓰면서 삼체석경을 만듭니다. 석경의 동일 문장에 대해 두 개의 서체 또는 세 개 서체를 동시에 새겼기 때문에 문자 발전을 확인하는데 도움이 되고 있습니다. 그래서 고문상서, 춘추 및 좌씨전과 같은 고문계통의 경서와 석경을 낙양 태학에 있는 희평석경 바로 옆인 서쪽에 나란히 세워두고 전시했다고 합니다. 고문, 소전, 예서 모두 제시하고 있어서 삼체석경이라고 합니다. 삼체석경의 가장 윗부분 글자는 고문(古文)입니다. 그다음에 두 번째가 전서(篆書), 마지막 예서(隸書)입니다.

IV. 새로운 문헌의 발견

1. 신장위구르 삼국지 판본의 발견

서진(西晉) 진수(陳壽)의 삼국지 판본을 보면 신장위구르에서 오서(吳書)가 발견되었으나 삼국지는 진수가 위나라를 기준으로

해서 쓴 것이었습니다. 각각 위지(魏志), 촉지(蜀志), 오지(吳志) 이렇게 권을 아예 나눠서 썼었는데 이 중에서 오지(吳志)가 발견된 것이었습니다. 판본을 찾기 어려워서 저는 삼국지의 체제만 말씀을 드립니다.

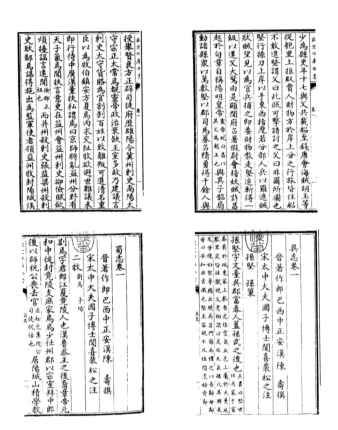

삼국지 위지(魏志), 촉지(蜀志), 오지(吳志)의 영인본 예시

한자와 출토문헌

2. 20세기 초 몽골지역의 한간발견

20세기 초에 몽골 지역에서 한간(漢簡)이 발견됐어요. 몽골 지역의 한간, 이때부터 발굴의 시대라고 할 수 있습니다. 한나라 시기의 역사와 관련된 죽간이지만 어쨌든 간에 발굴 자체는 근대 시기인 20세기 초반에 발견됐습니다. 흑수성에서 발견된 한간은 스페인이 먼저 차지하게 됩니다. 이에 나진옥, 왕국유 두 분이 급하게 이 지역을 방문하고 출토문헌을 정리하면서 책도 내게 됩니다. 한발 늦은 상태로 말입니다.

스타인(Stein)은 인도와 그 일대를 탐험하면서 당시 탐험가로 명성을 쌓고 있었습니다. 그는 전 세계의 험지를 탐험했던 경험으로 어느덧 중국에 다다르게 됩니다. 그가 『액제납한간(額濟納漢簡)』을 발견한 곳은 바로 내몽고입니다. 이곳에서 흑수성을 발견하면서 그는 결국 먼 동양까지 탐험을 온 셈이 되었습니다. 돈황에서 사막지대를 돌아 간 것으로 감숙성을 중심으로 양쪽 길로 탐험을 했습니다. 이것이 바로 스타인의 중국에서의 행보라고 하겠습니다. 『거연신간(居延新簡)』에서도 시대별로 여러 층차의 문헌이 발굴됩니다. 스웨덴이 그 중간에 한 차례 발굴하고, 이어서 북경 연구단에서 발굴하고 『거연한간』을 정리하게 됩니다.

따라서 『거연신간(居延新簡)』, 『견수금관한관(肩水金關漢簡)』, 『액제납한간(額濟納漢簡)』 이렇게 세 가지로 해당 지역에 따라 각각을 칭하고 있습니다. 흑수성은 지금은 거의 사막화가 되어있는 상황입니다. 그럼에도 많은 이들이 지금의 흑수성을 보면서 "여전히 아름답다"고 외칩니다. 저는 2019년 몽골지역을 방문한 적이 있습니다. 몽골이라서 내몽골과 느낌이 다르지만 10~15세기 정도 지어진 건축물로 시대를 달리할 뿐 비슷한 풍격을 지니고 있었습니다.

3. 돈황의 발견(敦煌莫高窟藏经洞)

돈황(敦煌) 문서의 발견에 대해 말씀드리겠습니다. 돈황 문서는 디지털 돈황이라는 사이트(https://www.e-dunhuang.com/index.htm)에서 어느 정도 정리가 잘 돼 있습니다. 중국은 이같은 방식으로 국가적 차원에서 해외에 유출되어있는 돈황 문서들에 대해 반납받겠다는 의지를 피력하고 있습니다. 돈황은 막고굴이라고 불리는 많은 수량의 석굴이 있는데 과거 고승들이 수련을 했다고 합니다.

돈황에 건축물이 세워진 역사적 배경에는 하성서군이라는 한무제의 흉노 정벌에 대한 정책이 녹아있습니다. 그 성과를 통해서 황하(황하 상류 지역의 감숙성) 지역에 한 사군을 설치합니다. '무의,

장액, 주천, 돈황' 이 네 곳인데 돈황은 흉노가 많았던 지역으로 보입니다.

그리고 스타인(Marc Aurel Stein)이라는 인물을 보면 이 인물은 일단 돈황에 있는 막고굴을 발견했고 두 차례 방문을 했을 때 탐험을 하면서 발굴을 할 때, 그 중간에 많은 상인들이 끼어 있습니다. 왕원록(王圓籙)이라는 도사가 있는데 떠돌이 도사였습니다. 그는 언제부터인가 막고굴에서 생활을 하게 됩니다. 비록 지식이 있는 사람은 아니었지만 소박한 사람이었던 것 같습니다. 어느날 돈황에 있는 건축물들을 수리하다가 무언가를 발견하게 됐는데 막고굴 안에 엄청나게 쌓여있던 서첩을 발견하게 되었습니다. 그는 막고굴 안에 공간이 비어 있고 그 속에 서첩이 돌돌돌 말려 있는 걸 확인합니다. 그런데 소문을 듣고 일꾼들이 발견했으니 당연히 소문이 났을 겁니다. 그래서 소문을 듣고 스타인이 이곳을 찾아와서 협상을 하는데, 이 도사는 은화 네 잎으로 서첩들을 판매합니다. 나무 상자 29개, 수천 점의 공문서, 불경을 판매하고 막고굴17에서 모두 빼갑니다. 그리고 가장 중요한 것은 홍변(洪辯)이라는 사람이 있는데 이분이 높은 고승입니다. 그 막고굴이라는 곳은 고승들이 수련하는 곳이었답니다. 막고굴17에 대한 기록에 의하면 석비가 있었고 인물들의 조각상도 있었습니다. 아마도 그 고승에 관한 내용들을 모두 모아두고 담아놓은 장소였을 것이라고 추정을 하고 있습니다.

　스타인이 1차로 많은 유물을 가져갔지만 1908년 2월 12일 폴 펠리오(Paul Pelliot)라는 사람이 뒤늦게 이곳에 도착합니다. 이 사람은 90파운드로 많은 분량을 또 왕원록에게서 사갑니다. 특이한 점은 펠리오가 중국어 뿐 아니라 고서를 읽는 능력 또한 뛰어나서 주변 사람들이 매우 놀랐다고 합니다. 표는 막고굴의 사진입니다. 좋은 것을 선점해서 떼어갔고 루브르박물관에 있다고 합니다. 획득한 유물들을 각각 스테인은 대형 박물관으로 가져갔고, 펠리오는 루브르박물관으로 나누어 가져갔습니다. 나중에야 중국 정부 관리들이 막고굴을 방문하기 시작하는데 이 문물들이 중요하다는 사실을 알아차리고, 관리들은 개인적으로 이것들을 소장하기 시작하기 시작합니다.

북위(北魏) 막고굴 제254굴　　　　서위(西魏) 막고굴285굴

한자와 출토문헌

서위(西夏) 瓜州 榆林窟 第003窟　　　　초당(初唐) 막고굴322굴

　　이곳이 바로 막고굴의 모습입니다. 시기적으로 이른시기의 막고굴은 서하 시기에 제작된 것이라고 할 수 있습니다. 원래는 흉노 계통의 민족으로 서하 왕족의 전통적 요소를 지니던 막고굴인데, 중국의 전통 문양, 그림들과는 풍격이 다르다는 것을 알 수 있습니다. 건축물의 내부로 가면 당나라 벽화의 풍격에 가까워집니다. 초당시기 시기 불상이고 화려한 것 같습니다. 보시다시피 대부분의 불상과 벽화가 거의 당 이후 시기입니다. 초당, 중당, 성당, 만당 시기로 당나라를 나누는데 이렇게 막고굴과 벽화를 보시면 그 시기를 알 수 있습니다. 그래서 마지막 시기 벽화는 수나라 시기 제작된 것도 있습니다. 벽화도 다양한데 이 벽화만 연구하시는 분들도 있습니다. 여러분 수업이 끝난 이후에도 이 주소로 찾아직접 들어가서 한 번 천천히 살펴보시면 좋을 것 같습니다.

V. 참여의 마무리

　본 장에서는 새로운 내용을 많이 강의하는 것보다 이제까지 수업의 여정을 잘 마무리하는 내용으로 살폈습니다. 여러분께서 혹시 문자박물관과 일반박물관 둘 중 어떤 박물관을 갈지 고민이라면, 저는 개인적으로 문자박물관을 추천합니다. 우리는 어떤 문화와 역사를 공부를 할 때, 박물관을 방문하거나 사건이 일어난 장소를 중심으로 주변을 살펴보게 됩니다. 우리가 중국문자의 역사와 발전을 살펴보기 위해서는 관련 박물관 탐방을 통해서 대략의 방향뿐 아니라 세부적 체계들을 확인할 수 있을 것이라고 생각됩니다.

　박물관은 본래 출토지 중심으로 세워지는 것이 불문율이라고 여겨집니다. 그러나 수장품 중심의 박물관도 있습니다. 북경에 있는 국가박물관이 개관하면서 많은 중요 유적지의 유물을 채워갔습니다. 저희가 지방을 돌면서 느낀 부분은 중요한 기물들이 비어 있는 자리는 어김없이 국가박물관에서 대여한 것으로 적혀있었습니다. 국가박물관 설립의 과정에서 다수의 유물을 이동시킨 것입니다.

　중요한 유물은 국가박물관에 수집해 두었기 때문에 혹시 방문의 기회가 있다면 국가박물관과 근처 은허를 방문을 추천드립니다. 문자박물관도 괜찮고 형주시박물관도 저는 개인적으로 좋았습니다.

최근 소식에 따르면 중국은 2022년 올해 연초 서안(西安)에서 중국 섬서성(陝西省) 고고박물관(考古博物館)을 새로 개관을 했다고 합니다. 저 또한 2023년 6월 방문하여 고고박물관이 수장한 기물과 유물, 연구자들의 발자취와 성과에 대해 확인할 수 있었습니다.

중국 정부에서는 각 성마다 성급박물관들을 완비하고, 기존에 완비된 성급박물관들은 리뉴얼하고, 없던 박물관들은 새로 짓고 있는 상황입니다. 중국정부는 성급박물관들이 어느 정도 정리가 되었다고 여겨서인지 각 성들마다 고고박물관들을 짓기 시작했다고 합니다. 정부는 원래 박물관은 박물관대로 두고 섬서성 서안 고고박물관을 2022년 올해 봄 개관했습니다. 2010년대에 들어서는 호북성에서 워낙 많은 유적들이 발굴되다 보니 호북성 고고박물관을 2호 고고박물관으로 개관을 했습니다.

북경의 국가박물관을 제외하고는 중국이 워낙 넓기 때문에 실제 유물을 관람하기에는 성급 단위의 박물관 관람이 가장 좋다고 생각됩니다. 성급 박물관과 성에 소속되어 있는 고고박물관 중심의 관람이 여러분의 즐거운 답사를 위한 하나의 팁이 되지 않을까

싶습니다.

그중에서 재미있게 연구했던 문물이나 문헌의 내용을 기준으로 출토지를 찾아가 보는 것 또한 공부에 도움이 될 것입니다. 2018년도 처음 공개됐던 강서성 강서 남창에 있는 제나라 문화 유적 해혼후(海昏候) 유적도 박물관으로 새로 개관을 앞두고 있다고 이야기를 들었습니다. 내년 초에 박물관이 개관한다고 들었는데 논어(論語)도 같이 전시할 예정인 것으로 알려지고 있습니다. 향후 학계 보고될 내용이 기대됩니다.

박물관 탐방은 수도인 북경과 문물, 또는 문헌의 출토지를 중심으로 진행하실 수 있습니다. 또 지방의 성급 박물관과 성급 고고박물관을 중심으로 발굴지의 현장을 조금더 생생하게 목도할 수 있습니다.

따라서 답사와 탐방의 과정에서 우리가 지금까지 배운 내용을 기반으로 각자 본인에게 맞는 흥취를 찾는 계기가 될 뿐 아니라, 고대중국사회를 새롭게 바라볼 수 있는 계기가 되기도 합니다. 기회를 찾아 한 번쯤은 꼭 다녀오시고 중국에 대한 시야를 넓혀보시기 바랍니다.

참고문헌

출토문헌

(漢)河上公,『宋本老子道德經』(未元聞刻精華)(福建, 福建人民出版社, 2008).

(魏晉)王弼,『老子注』『諸子集成(三)』(北京, 中華書局, 1986).

國立故宮博物院編輯委員會,『故宮西周金文錄』(臺北, 國立故宮博物院, 2001).

清華大學出土文獻研究與保護中心編,李學勤主編,『清華大學藏戰國竹簡(壹)』(上海, 中西書局, 2010).

清華大學出土文獻研究與保護中心編,李學勤主編,『清華大學藏戰國竹簡(貳)』(上海, 中西書局, 2011).

清華大學出土文獻研究與保護中心編,李學勤主編,『清華大學藏戰國竹簡(參)』(上海, 中西書局, 2012).

清華大學出土文獻研究與保護中心編,李學勤主編,『清華大學藏戰國竹簡(肆)』(上海, 中西書局, 2014).

清華大學出土文獻研究與保護中心編,李學勤主編,『清華大學藏戰國竹簡(伍)』(上海, 中西書局, 2015).

清華大學出土文獻研究與保護中心編,李學勤主編,『清華大學藏戰國竹簡(陸)』(上海, 中西書局, 2016).

清華大學出土文獻研究與保護中心編,李學勤主編,『清華大學藏戰國竹簡(柒)』(上海, 中西書局, 2017).

李守奎, 曲冰, 孫偉龍編著,『「上海博物館藏戰國楚竹書」(一~五)文字編』(北京, 作家出版社, 2007. 12).

中國社會科學院考古研究所,『殷周金文集成 18권』(北京, 中華書局, 1984-1994).

荊門市博物館 編,『郭店楚墓竹簡』(北京, 文物出版社, 1998).

湖北省文物考古研究所. 北京大學中文系編,『望山楚簡』(北京, 中華書局, 1995.6).

高明,『帛書老子校注』(北京, 中華書局, 1996).

北京大學出土文獻研究所編,『北京大學藏西漢竹書(武)』(上海, 上海古籍出版社, 2012).

馬承源 主編,『上海博物館藏戰國楚竹書(一)』(上海, 上海古籍出版社, 2001.11).

馬承源 主編,『上海博物館藏戰國楚竹書(二)』(上海, 上海古籍出版社, 2002.12).

馬承源 主編,『上海博物館藏戰國楚竹書(三)』(上海, 上海古籍出版社, 2003.12).

馬承源 主編,『上海博物館藏戰國楚竹書(四)』(上海, 上海古籍出版社, 2004.12).

馬承源 主編,『上海博物館藏戰國楚竹書(五)』(上海, 上海古籍出版社, 2005.12).

馬承源 主編,『上海博物館藏戰國楚竹書(六)』(上海, 上海古籍出版社, 2007.7).

馬承源 主編,『上海博物館藏戰國楚竹書(七)』(上海, 上海古籍出版社, 2008).

馬承源 主編,『上海博物館藏戰國楚竹書(八)』(上海, 上海古籍出版社, 2011.5).

黃水武 主編,『敦煌寶藏』(臺北,新文豐出版公司, 1983-1986).

于省吾 主編,『甲骨文字詁林』(北京, 中華書局, 1996).

張世超 等,『金文形義通解』(北京, 中文出版社, 1996).

何琳儀,『戰國古文字典』(北京, 中華書局, 1998).

何琳儀,『戰國文字通論』(上海, 上海古籍出版社, 2017).

裴錫圭 主編, 復旦大學 出土文獻與古文字研究中心, 湖南省博物館 編纂,『長沙馬王堆漢墓簡帛集成』(北京, 中華書局, 2014).

宗福邦 主編,『故訓匯纂』(北京, 商務口書館, 2003).

高享,『老子正話』(北京, 中國書店, 景和 19439 開月書店本).

中國社會科學院考古研究所,『殷周金文集成』(北京, 中華書局, 2007.4).

中國社會科學院考古研究所編,『曾侯乙墓·附錄一曾侯乙墓竹簡釋文與考釋』(北京, 文物出版社, 1989.7).

한자와 출토문헌

저서류

영어

Baxter&Sagart, 『Old Chinese』, Oxford press, 2014.

Scott Cook(顧史考), The Bamboo Texts of Guodian-a Study & Complete Translation, Cornell East Asia series 164, Cornell University, Ithaca, 2012.

한국어

리쉐친 저, 심재훈 역, 『중국 청동기의 신비』(서울, 학고재, 2005).

로타 본 팔켄하우젠 저, 심재훈 역, 『고고학 증거로 본 공자시대 중국사회』(서울, 세창출판사, 2011).

김정렬, 『서주 국가의 지역 정치제 통합연구』(서울, 서경문화사, 2012).

심재훈, 『청동기와 중국 고대사』(서울, 사회평론아카데미, 2018).

劉莉, 陳星燦 저, 심재훈 역, 『중국고대국가의 형성』(서울, 학연문화사, 2006.2).

潘悟云 著, 權赫埈 譯, 『중국어역사음운학』(서울, 학고방, 2014).

시라카와 시즈카(白川靜) 저, 고인덕 역, 『한자의세계』(서울, 솔, 2008.10).

이학근(李學勤) 지음, 하영삼 옮김, 『고문자학 첫걸음(古文字學初階)』(서울, 동문선, 1991).

이학근 저, 이유표 역, 『의고의 시대를 걸어나오며』(서울, 글항아리, 2019.10).

연규동, 「문자의 종류와 개념에 대한 새로운 이해」(국어학(國語學), 72, 2014).

양계초(梁啓超) 지음, 전인영 옮김, 『중국근대의 지식인』(서울, 혜안, 2005).

아츠지데츠지(阿辻哲次) 지음, 김언종, 박재양 옮김, 『한자의 역사』(서울, 학민사, 1999).

최남규 역주, 『곽점초묘죽간』(서울, 학고방, 2016).

조은정, 『죽간에 반영된 노자의 언어』(대구, PB, 2019).

중국어

伯倫漢 撰, 陳韜 譯, 『史學方法論』(臺北, 商務印書館, 1975).

白川靜, 『金文通釋』[卷三上](東京, 平凡社, 2004).

陳夢家, 『西周銅器斷代』(北京, 中華書局, 2004).

陳偉, 『楚簡冊槪論』(武漢, 長江出版社, 2012.9).

陳偉, 『楚地出土戰國簡冊[十四種]』(北京, 經濟科學出版社, 2009.9).

陳偉, 『郭店竹書別釋』(武漢, 湖北敎育出版社, 2003).

陳斯鵬, 『楚系簡帛中字形與音義關係硏究』(北京, 中國社會科學出版社, 2011).

陳煒湛·唐鈺明 편저, 『甲骨文綱要』(廣州, 中山大學出版社. 1988).

董作賓, 『甲骨年表』(北京, 商務印書館, 1937).

杜維運, 『史學方法論』(臺北, 三民書局, 1986).

郭沫若, 『兩周金文辭大系圖錄考釋』(上海, 上海書店出版社, 1999).

郭沫若 주편, 胡厚宣 총 편집, 『甲骨文合集』, 中國社會科學院歷史硏究所編(北京, 中華書局, 1982).

高明, 『帛書老子校注』(北京, 中華書局, 1996).

高佑仁 著, 『「淸華伍」書類文獻硏究』(臺北, 萬卷樓, 2018).

黃懷信, 『逸周書校補注釋』(西安, 三秦出版社, 2006).

何九盈, 『中國古代語言學史』(北京, 商務印書館, 2013).

侯精一, 『晉語硏究』(東京, 東京外國語大学アジア·アフリカ言語文化硏究所, 1989).

季旭昇, 『說文新證』(福州, 福建人民出版社, 2012).

季師旭昇主編, 『上海博物館藏戰國楚竹書(一)讀本』(臺北, 萬卷樓圖書股份有限公司, 2004.7).

季師旭昇主編, 『上海博物館藏戰國楚竹書(二)讀本』(臺北, 萬卷樓圖書股份有限公司, 2003.7).

季師旭昇主編, 『上海博物館藏戰國楚竹書(三)讀本』(臺北, 萬卷樓圖書股份有限公司, 2005.10).

季師旭昇主編,『上海博物館藏戰國楚竹書(四)讀本』(臺北, 萬卷樓圖書股份有限公司, 2007.3).

李零,『簡帛古書與學術源流』(香港, 三聯書店, 2003年 1版, 2009. 3版).

李零,『郭店楚簡校讀記』(北京, 北京大學出版社, 2002).

李守奎,『楚文字編』(上海, 華東師範大學, 2003.12).

李朝遠,『西周土地關係論』(上海, 上海人民出版社, 1997).

李峰,『西周的滅亡—中國早期國家的地理和政治危機』(上海, 上海古籍出版社, 2007.1).

劉國忠, 走進清華簡(北京, 高等教育出版社, 2011.4).

劉釗,『郭店楚簡校釋』(福建, 福建人民出版社, 2003).

劉釗,『古文字構形學』(福州, 福建人民出版社, 2006.1).

劉雨, 盧巖 編,『近出殷周金文集錄』(北京, 中華書局, 2002).

劉心源,『奇觚室吉金文述』(光緒二十八年(1902年) 石印本).

劉澤華,『近九十年史學理論要籍提要』(北京, 書目文獻社, 1991).

陸懋德,『甲骨文之發現及其價值』(北京, 晨報副刊, 1921).

馬承源,『商周青銅器銘文選』[三](北京, 文物出版社, 1988).

裘錫圭,『中國出土古文獻十講』(上海, 復但大學出版社, 2004.12).

裘錫圭 撰,『裘錫圭學術文集』(上海, 復旦大學出版社, 2012).

蘇建洲,『楚文字論集』(台灣, 萬卷樓, 2011).

滕壬生,『楚系簡帛文字編(增訂本)』(武漢, 湖北教育出版社, 2008.10).

唐蘭,『古文字學導論』(手稿本)(臺灣, 洪氏出版社, 1970).

湯餘惠主編,『戰國文字編』(福州, 福建人民出版社, 2001.12).

伊藤道治,『中國古代王朝の形成』(서울, 創文社, 1975).

楊樹達,『積微居金文說(增訂本)』(北京, 中華書局, 1997).

王恩田,『陶文字典』(濟南, 齊魯書社, 2007).

王輝,『商周金文』(北京, 文物出版社, 2006).

葉國良, 鄭吉雄, 徐富昌 編著,『出土文獻研究方法論文集(初集)』, (臺北, 國立臺灣大學出版中心, 2005.9).

張新俊·張勝波,『葛陵楚簡文字編』(成都, 巴蜀書社, 2008.8).

張世超 等編,『金文形義通解』(香港, 中文出版社, 1996).

張儒·劉毓慶,『漢字通用聲素研究』,(太原, 山西古籍出版社, 2002.4).

趙光賢,『中國歷史研究法』(北京, 中國青年出版社, 1988).

趙平安,『新出簡帛與古文字古文獻研究』(北京, 商務印書館, 2009.12).

趙平安,『金文釋讀與文明探索』(上海, 上海古籍出版社, 2011).

학위논문

陳美蘭,『西周金文複詞研究』(台灣, 국립대만사범대학 박사논문, 2004).

田河,『出土戰國遣冊所記名物分類匯釋』(長春, 吉林大學博士論文, 2007.6).

寇占民,『西周金文動詞研究』(北京, 首度師範大學博士論文, 2009).

張秀華,『西周金文六種禮制研究』(長春, 吉林大學博士論文, 2010).

謝明文,『「大雅」.「頌」之毛傳鄭箋與金文』(北京, 首都師範大學碩士論文, 2008.5).

王愛民,『燕文字編』(長春, 吉林大學碩士論文, 2010.4).

盧晨陽,『「近出殷周金文集錄二編」校訂』(上海, 復旦大學碩士論文, 2013.5).

신세리,『戰國竹簡代詞研究』(台灣, 國立台灣師範大學, 2015.1).

성시훈,『先秦 시기『尙書』의 사상적 특징에 대한 연구: 출토문헌을 중심으로』(한국, 성균관 대학교, 2016).

한자와 출토문헌

논문

한국논문

김정남, 「淸華簡『金縢』을 통해 본 『尙書』 '詰屈聱牙' 현상의 유형적 고찰-출토문헌과 통행본의 대조를 중심으로」(中國文化硏究 第27輯, 2015.2).

김정남, 「淸華簡『皇門』譯釋—以對讀爲中心的考察」(中國語文學論集 第91號, 2015.4).

김정남, 「淸華簡『皇門』을 통해 본 『逸周書』難讀 현상의 원인과 관련 용례 해석」(동양고전연구 75, 2019.6)

김정렬, 「邦君과 諸侯—금문 자료를 통해 본 서주 국가의 지배체제」(동양사학연구 106, 2009.3).

김정렬, 「橫北村과 大河口-최근 조사된 유적을 통해 본 西周時代 지역정치체의 양상」(동양사학연구 120, 2012.9).

김석진, 「先秦 古文字 사료연구에 관한 一考-淸華簡『繫年』해제와 譯註 방법론」(중국고중세사연구 第42輯, 2016.11).

민후기, 「서주 국의 등차적 족연합—금문을 중심으로 한 서주 내작의 탐색」(동양사학연구 91, 2005.6).

문병순, 「戰國時代 晉系璽印에 보이는 '同姓異寫' 현상 小考」(중국어문학지 43권, 2013).

문병순, 「전국(戰國) 새인문자(璽印文字) 신석(新釋)」(중국어문논총 54, 2012.9).

문병순, 「論幾方楚璽的眞僞, 時代問題(續)」(중어중문학 33, 2003).

朴惠淑, 「西周 靑銅器 四十二年逑鼎 銘文 小考」(중국어문논역총간 35, 2014.7).

朴惠淑, 「西周 靑銅器『逑盤』銘文 硏究」(중국문화연구 7, 2005.12).

박흥수, 「한자에 반영된 인생여정: 출생, 결혼, 자녀교육과 죽음」(중국학연구 47, 2009.3).

박흥수, 「漢字 數字의 문화적 의미」(중국학연구 39, 2007.3).

박흥수, 「簡化字의 재분류」(중국연구 32, 2003.12).

심재훈, 「周代를 읽는 다른 방법—자료와 체계의 양면성」(중국고중세사연구 26, 2011.8).

심재훈, 「應侯 視工 청동기들의 연대 및 그 명문의 連讀 문제」(중국고중세사연구 28, 2012.8).

심재훈, 「柞伯鼎과 후기 전쟁금문에 나타난 왕과 제후의 군사적 유대」(중국고중세사연구 29, 2013.2).

심재훈, 「大河口 霸伯墓 출토 西周 청동예악기 파격의 양면성」(동양사학연구 125, 2013).

심재훈, 「文獻의 원형과 인용, 그리고 재창조─淸華本『傅說之命中』의 내용과 사상적 경향을 중심으로」(『儒教思想文化研究』56, 2014.6).

신세리, 「「命訓」편의 출토본과 전래본 비교연구─제1~7죽간 고석을 중심으로」(사림 61, 2017.7).

신세리, 「淸華簡 「命訓」篇 釋讀─第8簡~第15簡을 중심으로」(동양고전연구 75, 2019.6).

신세리, 「『淸華大學藏戰國竹簡(伍)』「封許之命」과 西周 銘文의 비교연구 - 시대추정에 대한 증거들」(중국학연구 101, 2022.8).

신세리, 「『淸華大學藏戰國竹簡(伍)』「封許之命」封建禮 賜予品目의 상징물과 기타 문물분석 弓矢類, 命服類에 대한 토론」(중국문학 112, 2022. 08).

신세리, 「'꽃'의미의 형성과정-중국문자 형성과정을 중심으로」(중어중문학 81, 2020.9).

신세리, 「『說文』省聲·省形字의 재구조─戰國 出土文獻의 몇 가지 예를 근거로」(중국언어연구 97, 2021.12).

오제중, 「금문 저록에 관한 고찰」(중국인문과학 27, 2003.12).

오제중, 「『西周』시대 標準 靑銅器 연구」(중국어문학논집 50, 2008.6).

오항녕, 「동아시아 봉건 담론의 연속과 단절」(史叢72, 2011.1).

원용준, 「淸華簡『서법』의 특징과 그 역학사적 의의」(儒教思想文化研究 65, 2016.9).

원용준, 「淸華簡『금등』의 문헌적 성격과 사상사적 의의, 동양철학연구회」(동양철학연구 72, 2012).

이소화, 「출토 秦문자 자료에 보이는 『說文解字』 미수록 글자 연구」(중국언어연구 79, 2018.12).

이연주, 장숭례 번역(飜譯) 및 주석(註釋), 「淸華簡(淸華簡)『부열지명(傅說之命)』 주해」(중국학논총 46, 2014).

이연주, 장숭례, 「淸華簡(淸華簡)『예량부비(芮良夫毖)』 주해(하)」(중국학논총 52, 2016).

이연주 飜譯 및 註釋, 「淸華簡(淸華簡)『기야(耆夜)』주해」(중국학논총 47, 2015).

이연주, 장숭예, 「淸華簡(淸華簡)『정무부인규유자(鄭武夫人規孺子)』 주해」(중국학논총 55, 2017).

왕국유(王國維)원저, 호평생(胡平生)·마월화(馬月華) 교주, 김경호 역주 「간독검서고교주(簡牘檢署考校注)」『간독학이란 무엇인가』, 서울: 성균관대학교 출판부, 2017.

허민혜, 문병순, 「『上海博物館藏戰國楚竹書』所見經書、史書目錄分類」(중국문화연구 16, 2010.06).

최남규, 「克罍(盉)의 銘文 연구」(중국인문과학 52, 2012.12).

최남규, 「『禮記·緇衣』 중 인용된『尹誥』 구절에 대한 고찰」(中國人文科學 第59輯, 2015.4).

최남규, 「『청화대학장전국죽간(淸華大學藏戰國竹簡)』의『윤고(尹誥)』와 문자 연구」(중국어문학 60, 2012).

영어논문

Allan, Sarah, 「On Shu 書(Documents) and the origin of the Shang shu 尙書(Ancient Documents) in light of recently discovered bamboo slip manuscripts」, 『Bulletin of the School of Oriental and African Studies』, vol.75, 2012.10.

Chan, Shirley, 「Zhong(中)and Ideal Rulership in the Baoxun保訓(Instructon s for Preservation) Text of the Tsinghua Collection of Bamboo Slip Manuscripts」, 『Dao: A Journal of Comparative Philosophy』 vol.11, 2012.6.

일본논문

池田知久 監修, 「郭店楚墓竹簡『忠信之道』譯注」, 『郭店楚簡の硏究』 제2권(東京: 大東文化大學郭店楚簡硏究班, 2000.9).

池田知久 外, 「『忠信之道』譯註」, 『郭店楚簡儒教研究』(東京: 汲古書院, 2003.2).

중국논문

陳偉, 「略論簡牘文獻的年代梯次」『第四次國際漢學會議』(南港, 中央研究院, 2012.6).

陳英傑, 「談嬭簋銘中"肇享"的意義─兼說冊命銘文中的"用事"」, 『古文字研究』第27輯(北京, 中華書局, 2009.4).

陳劍, 「說石鼓文的"橐"字」(復旦大學出土文獻與古文字研究中心網, 2014. 8. 24, http://www.gwz.fudan.edu.cn/SrcShow.asp?Src_ID=2318.).

陳劍, 「據郭店簡釋讀西周金文一例」『甲骨金文論集』(北京, 線裝書局, 2007. 4).

陳劍, 「清華簡與「尚書」字詞合證零札」("出土文獻與中國古代文明國際學術研討會"論文, 2013년 6월 17-18일, 清華大學).

董珊, 「山西絳縣橫水M2出土肅𤔲銘文初探」『文物』2014년 1期.

復旦大學出土文獻與古文字研究中心研究生讀書會, 「清華簡「皇門」研讀札記」(復旦大學出土文獻與古文字研究中心網, 2011. 1. 5, http://www.gwz.fudan.edu.cn/SrcShow.asp?Src_).

郭沫若, 「由壽縣蔡器論到蔡墓的年代」, 『考古學報』(1956. 제1기).

國立故宮博物院編輯委員會, 『故宮西周金文錄』(臺北, 國立故宮博物院, 2001).

侯精一, 『晉語研究』, 東京外國語大學アジア·アフリカ言語文化研究所, 1989.

簡帛論壇, 建波研讀, 「清華五「封許之命」初讀」(簡帛網簡帛論壇22樓, 2015. 4.12).

蔣玉斌, 「釋西周春秋金文中的"討"」『古文字研究』(第29輯).

蔣玉斌, 張富海, 「試說"盜"字的來源」(中國文字學會第七屆年會論文, 2013.9).

寇占民, 「金文釋詞二則」, 『中原文物』(2008, 제6기).

李學勤, 「西周時期的諸侯國青銅器」, 『新出青銅器研究』(北京, 文物出版社, 1990).

李銳, 「『用曰』新編(稿)」(簡帛網, 2007. 7. 13).

李豊, 「黃河流域西周墓葬出土青銅禮器的分期與年代」『考古學報』1988[4].

劉釗, 「釋慍」『古文字考釋叢稿』(長沙, 岳麓書社, 2005. 7).

馬保春, 「山西絳縣橫水西周倗國大墓的相關歷史地理問題」『考古與文物』, 2007[6];『先秦、秦汉史』2008, 2期. (https://www.1xuezhe.exuezhe.com/Qk/art/378879?dbcode=1&flag=).

裴錫圭, 『大河口西周墓地M2002 號墓出土盤盉銘文解釋』, (復旦大學出土文獻與古文字研究中心網 http://www.gwz.fudan.edu.cn/Web/Show/4277, 2018. 7. 14).

裴錫圭, 「從殷墟卜辭的"王占曰"說到上古漢語的宵談對轉」(『中國語文』, 2002. 제1기).

裴錫圭, 「釋"沓"」, 『古文字論集』(北京, 中華書局, 1992. 8).

裴錫圭, 『睡虎地秦墓竹簡』注釋商榷」, 『裴錫圭學術文集』第二卷『簡牘帛書卷』(復旦大學出版社, 2012),『讀書札記四則』, 『裴錫圭學術文集』第四卷『語言文字與古文獻卷』.

全廣鎮, 「散氏盤銘文考釋」(『中國文化研究』2002. 제1기).

日月, 「金文"肇"字補說」(復旦大學出土文獻與古文字研究中心網, 2010.6.4).

蘇建洲, 「『封許之命』研讀札記(一)」(復旦大學出土文獻與古文字研究中心網, http://www.gwz.fudan.edu.cn/SrcShow.asp?Src_ID=2500).

蘇建洲, 「『葛陵楚簡』甲三324"函"字考釋」, 『出土文獻與古文字研究集刊』第4輯.

蘇建洲, 「論新見楚君酓延尊以及相關的幾個問題」, 『出土文獻』第六輯, (上海, 中西書局 2015.4).

孫慶偉, 『尙盉銘文與周代的聘禮』, (復旦大學出土文獻與古文字研究中心網站論文, http://www.gwz.fudan.edu.cn/SrcShow.asp?src_ID=1763).

魏克彬, 「溫縣盟書WT5K14盟書捕釋: 說"觶"字」, 『出土文獻與傳世典籍的詮釋—紀念譚樸森先生逝世兩週年國際學術研討會論文集』(上海, 上海古籍出版社, 2010).

王寧, 「讀『封許之命』散札」(復旦大學出土文獻與古文字研究中心, 2015.4.28).

王寧, 『清華五「封許之命」初讀』(簡帛論壇, 2015.4.10, http://www.bsm.org.cn/bbs/read.php?tid=3246&page=1).

王進鋒, 「娧字.娧國與娧臣」『湖南大學學報』(2014. 제2기).

王國維, 「鬼方昆夷考」『觀堂集林』第2冊, 中華書局, 1959.

施謝捷, 「楚簡文字中的"橐"字」『楚文化研究論集』第5集(安徽, 黃山書社, 2003. 6).

施謝捷, 「古璽複姓雜考(六則) - 五.甘士」『中國古璽印學國際研討會論文集』(香港, 香港中文大學文物館, 2000).

謝明文, 「晉公盠銘文補釋」,『出土文獻與古文字研究』第5輯(上海, 上海古籍出版社, 2013).

謝明文, 「談談青銅酒器中所謂三足爵形器的一種別稱」, (復旦大學出土文獻與古文字研究中心網, 2015.4.1, http://www.gwz.fudan.edu.cn/SrcShow.asp?Src_ID=2479).

鵬宇, 「『清華大學藏戰國竹簡(伍)』零識」(清華大學出土文獻研究與保護中心網站, 2015, 4, 10).

張振林, 「先秦'要', '婁'二字及相關字辨析—兼議散氏盤之主人與定名」, 『第三屆國際中國古文字學研討會論文集』(香港, 香港中文大學, 1997).

張天恩, 「晉南已發現的西周國族初析」『考古與文物』, 2010[1].

張天恩, 『大河口出土兌盆銘文相關問題淺議』, 2021[5].

張忠培, 『齊家文化研究(上)』, 考古學報 1987[1].

張忠培, 『齊家文化研究(下)』, 考古學報 1987[2].

전문학술 사이트

中央研究院語言所上古漢語標記庫(http://old chinese. ling.sinica.edu.tw)

復旦大學出土文獻與古文字研究中心網站(http://www.gwz.fudan.edu.cn/)

簡帛網站(武漢大學簡帛研究中心)(http://www.bsm.org.cn/)

簡帛研究網站(http://www.jianbo.org/)

簡帛網(http://www.bsm.org.cn/)

清華大學confuc ius2000網站(http://www.confucius2000.com/)

數字敦煌(https://www.e-dunhuang.com/index.htm)

小學堂(https://xiaoxue.iis.sinica.edu.tw/)

한자와 출토문헌

中國哲學書電子化計劃(https://ctext.org)

中央研究院史語所般周金文暨青銅器資料庫(http://www.ihp.sinica.edu.tw/~bronze)

中央研究院語言所上古漢語標記庫(http://old chinese.ling.sinica.edu.twD

漢典(https://www.zdic.net/)

국립중앙박물관(https://www.museum.go.kr/site/main/home)

신세리 申世利

경성대학교 한국한자연구소 HK교수.
국립대만사범대학교에서 《戰國楚竹簡代詞研究》로 2015년 1월 박사학위를 취득하였다. 2015~2017년 조선대학교 초빙교수, 2017~2020년 한국외국어대학교 BK연구교수, 2021~2023년까지 조선대학교 학술연구교수로 재직하였다. 현재는 경성대학교 한국한자연구소의 HK교수로 재직 중이다.
한국연구재단의 지원을 받아 "《淸華大學藏戰國竹簡(伍)》〈封許之命〉封建禮 賜予品目의 상징물과 기타 문물분석"을 주제로 3년간 중국 고대문자와 고대언어를 분석하였고, 고대중국사회의 문화에 대해 공부하였다. 또 여러 공동연구를 수행하면서 연구의 기초를 현장감 있게 다질 수 있었다. 2016년부터 한국중국언어학회에서 편집이사, 홍보이사, (현)총무이사로 활동하였다. 현재 출토문헌연구회, 죽간강독, 중국어방언연구, 중국어소리연구, 음성음운연구회 등에서 선후배 연구자들과 배움의 시간을 채워가는 중이다.

홍유빈 洪裕彬

경성대학교 한국한자연구소 HK연구교수.
고려대학교에서 문학박사 학위를 받았으며, 현재 경성대학교 한국한자연구소 HK+사업단에서 HK연구교수로 재직하고 있다. 전공은 동아시아(韓·中·日) 경학 연구이며, 최근에는 시경과 논어에 대한 새로운 시각의 탐구를 진행 중이다. 재직 중인 한국한자연구소에서는 지역인문학센터에서의 활동을 통해, 한자교육을 중심으로 인문학의 저변을 넓히는 일에 동참하고 있다.

경성대학교 한국한자연구소 한자학 교양총서 03

한자와 출토문헌

초판1쇄 인쇄 2024년 5월 20일
초판1쇄 발행 2024년 5월 31일

지은이 신세리 홍유빈
펴낸이 이대현
편집 이태곤 권분옥 임애정 강윤경
디자인 안혜진 최선주 이경진
마케팅 박태훈 한주영

펴낸곳 도서출판 역락
출판등록 1999년 4월 19일 제303-2002-000014호
주소 서울시 서초구 동광로 46길 6-6 문창빌딩 2층 (우06589)
전화 02-3409-2060
팩스 02-3409-2059
홈페이지 www.youkrackbooks.com
이메일 youkrack@hanmail.net

ISBN 979-11-6742-715-1 04700
     979-11-6242-569-0 04080(세트)